Liebe Leserinnen, liebe Leser!

Sizilien, die größte Mittelmeerinsel, ist seit jeher ein Mikrokosmos, eine vielgestaltige Welt, die im Laufe der letzten Jahrtausende durch Menschen verschiedener Herkunft, Religion und Sprache geprägt wurde. Das Symbol der Insel ist die Trinakría, ein Mädchenhaupt mit Schlangenhaar und drei angewinkelten Beinen. Die drei Beine stehen stellvertretend für die drei Vorgebirge, so jedenfalls lautet der griechische Name. Ihre Anordnug entspricht aber wohl nicht zufällig einem Sonnenrad: Schon Homer nannte Sizilien die Sonneninsel.

Der Ätna beherrscht die Insel seit Menschengedenken. Man könnte glauben, dass er nicht nur die Landschaft formte, sondern auch auf den Charakter einwirkt. Das impulsive Temperament und die fatalistische Schicksalsergebenheit der Sizilianer scheint durch den Ätna bestimmt zu sein. In seinem Angesicht versuchen die Menschen ihr Leben zu bewältigen, von Tag zu Tag. Doch ihr Fatalismus täuscht. Die Sizilianer sind trotz aller sozialen und wirtschaftlichen Spannungen ein stolzes, temperamentvolles Volk, dem jegliches Mittelmaß fremd ist.

Blühende Mandelbäume, leuchtende Orangenhaine sowie Melonenfelder und immergrüne Bergrücken lassen den Vergleich mit einem Garten Eden entstehen. Nur durch die schmale Straße von Messina vom italienischen Festland getrennt, ist Sizilien mehr ein Kontinent als eine Insel. Letztlich kommt man nicht umhin, Johann Wolfgang von Goethes berühmtes Diktum zu zitieren: ›Italien ohne Sizilien macht gar kein Bild in der Seele: hier erst ist der Schlüssel zu allem.‹ Das lebhafte Porträt der Insel zeichnen Ralf Nestmeyer (Text) sowie die Fotografen Stefan Feldhoff und Anne Christine Martin.

Ihr HB-Bildatlas-Team

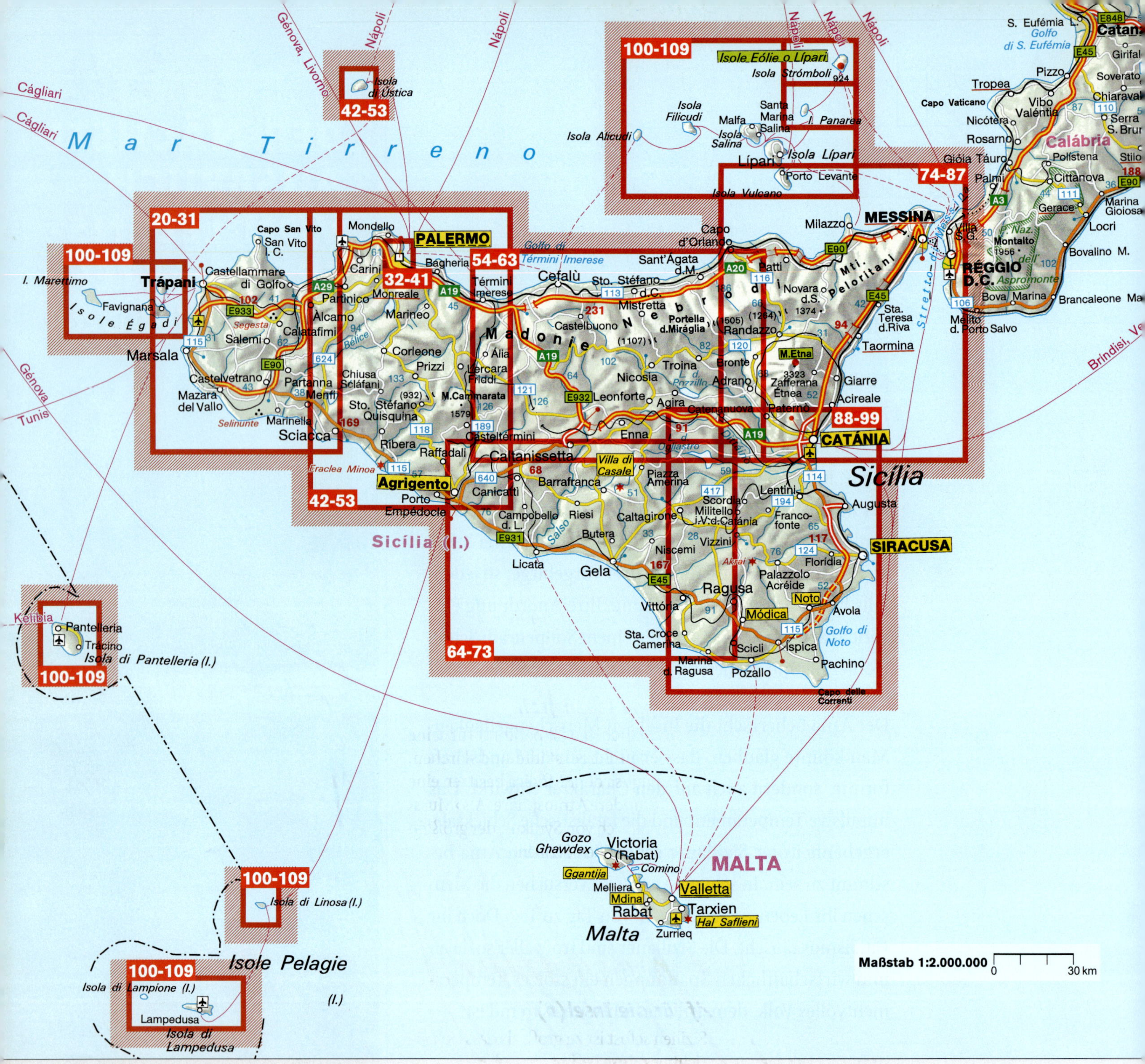

Mosaik in der Villa Romana del Casale

Taormina – Blick vom Antiken Theater zum Ätna, Europas größtem und aktivsten Vulkan

Inhalt

Besuchen Sie uns im Internet:
www.hb-verlag.de

TOP ZIEL
BESONDERS SEHENSWERT

UNIONE MAESTRANZE
"CETO FORNAI"

Religiöse Hingabe

Feste und Prozessionen bestimmen den Lebensrhythmus. Bei der Karfreitagsprozession von Trápani nehmen die Mitglieder der Bruderschaften in stummer Hingabe die zentnerschwere Last der ›Misteri‹ auf ihre Schultern, die Szenen aus der Passion Christi darstellen.

Das Erbe der Antike

Der Tempel von Segesta fasziniert schon allein durch seine majestätische Lage. Nirgendwo sonst rund ums Mittelmeer stehen größere und prächtigere griechische Tempel als auf Sizilien. Das Tal der Tempel in Agrigent, das antike Selinunt und Segesta zeugen auch vom ästhetischen und technischen Verständnis ihrer Baumeister.

Mit Netz und Harpune

Traumkulisse: der alte Hafen von Cefalù vor den grünen Ausläufern der Madonie. Obwohl die Erträge rückläufig sind, ist der Fischfang neben dem Tourismus noch immer die Haupteinnahmequelle der Sizilianer.

Musik, Tanz, Theater

Folkloregruppe beim Tanz mitten in Messina. Kulturreller Höhepunkt sind die sommerlichen Musik- und Theaterinszenierungen, die an antiken Originalschauplätzen aufgeführt werden.

Feuerberg

Naturschauspiel von bedrohlicher Faszination: die talwärts strebenden Magmaströme des Ätna, der zu den aktivsten Vulkanen der Erde gehört.

Ewig lockt das Meer

Entlang seiner mehr als 1200 Küstenkilometer besitzt Sizilien zahlreiche Badebuchten, die das Prädikat ›Traumstrand‹ verdienen. Die Badeplätze des Zingaro-Naturparks am Golf von Castellammare können nur zu Fuß erreicht werden.

Alles frisch

Der älteste und bekannteste Markt von Palermo ist die Vucciría zwischen Piazza San Domenico und Hafen. Hier erlebt man noch das ursprüngliche Leben der Stadt – so kontrastreich und vielfältig wie Palermo selbst.

CARNE
CONTI
TEL. 580740
BOVINI SUINI OVINI
IL MACELLAIO
MACELLERIA
Nino La Motta
CARNI FRESCHE
BOVINE - SUINE - OVINE
TEL. 325391
SALSICCIA
4.50
COSTATE
DI MAIALE

Ein Vorposten von Afrika

Lange Zeit stand der Inselwesten unter dem Einfluss der Karthager, später der Araber. Noch heute stammen Teile der Bevölkerung aus Tunesien; Mazara del Vallo besitzt sogar eine Kasbah. Kulturreisende besuchen das antike Segesta und Selinunt. In Trápani wird die Karwoche mit besonderer Inbrunst gefeiert. Über Marsala schwebt das ganze Jahr der Duft des gleichnamigen Dessertweins. An Gibellina, das von einem Erdbeben zerstört wurde, erinnert allein Alberto Burris Ruinendenkmal.

Seit mehr als 2000 Jahren ist das antike Selinunt ein Ruinenfeld. Hier der Tempel E (465 v. Chr.).

▲ Zingaro-Naturpark: traumhafte Badebuchten ...

▼ ... neben alten Tunfischfabriken

▲ Wanderwege erschließen den Zingaro-Naturpark

▲ Kapelle am Weg nach San Vito lo Capo

▲ Fischer gehen ihrem Handwerk nach

▼ In San Vito lo Capo amüsiert sich die Jugend

Landschaftlich besonders reizvoll ist der nordwestlichste Zipfel Siziliens. San Vito lo Capo, ein angenehmer Badeort, gilt als beliebter Ausgangspunkt zum Aufstieg auf den kargen Monte Cófano sowie für die Traumstrände des Zingaro-Naturparks.

Zingaro-Naturpark

Leider ist der Naturschutzgedanke auf Sizilien bis heute wenig verbreitet. Als umso bedeutender muss daher die 1981 getroffene Entscheidung eingestuft werden, den Küstenabschnitt zwischen San Vito lo Capo und Scopello zum Naturschutzgebiet zu erklären und damit den Bau weiterer Feriensiedlungen zu verhindern. Die Riserva Naturale dello Zingaro darf nur zu Fuß erkundet werden und ist die Heimat seltener Pflanzen und Tiere. Wer Glück hat, kann neben dem verbreiteten Mäusebussard noch den eher raren Wanderfalken beobachten. Das Ufer säumen idyllische Badebuchten mit smaragdgrünem Wasser.

Karfreitag in Trápani

Die Osterwoche ist für jeden Sizilianer der religiöse Höhepunkt des Jahres. Vor allem im Westteil der Insel werden die Feierlichkeiten besonders farbenfroh inszeniert. Zu Beginn der Settimana Santa findet am Gründonnerstag eine Prozession in Marsala statt, die jedoch von der Karfreitagsprozession in Trápani noch übertroffen wird.

Gegen Mittag versammelt sich die ganze Stadt vor der Kirche San Domenico. Um Punkt 14 Uhr beginnt die Prozession und die Masari genannten Träger, traditionell in graublaue Kittel gekleidet, kommen mit den zentnerschweren *Misteri* durch das Kirchenportal. Die mit Silberschmuck, Kerzen und Blumen verzierten *Misteri* – eine für jede der zwanzig Zünfte Trápanis – werden im Wiegeschritt durch die engen Straßen und Gassen geschleppt.

Mit Inbrunst und Leidenschaft

Alle Generationen finden sich vereint, um die lebensgroßen Heiligenfiguren bei dem Zug zu begleiten. Frömmigkeit und Lebenslust, diszipliniertes Schweigen und spontane Fröhlichkeit liegen nahe beieinander. Den Trägern ist die Anstrengung anzusehen: Schweiß tropft über Wangen und Kinn, doch die Augen glänzen unter den

▲ *Schmucke Barockfassade: der Duomo San Tomaso in Marsala*

▲ *Palmsonntag in Buseto Palizzolo*

▼ *Karfreitagsprozession in Trápani*

▲ An eine Sichel erinnert die eigenwillig geformte Landzunge, auf der sich Trápani erstreckt

▲ Der Leidensweg Christi ...

▼ ... auf der Gründonnerstagsprozession in Marsala

mit roten Quasten besetzten Mützen. Spät in der Nacht bewegt sich die Prozession im Schein unzähliger Kerzen, untermalt von feierlicher Blasmusik. Wenn die Dämmerung anbricht, geht ein letzter Ruck durch die Gläubigen, denn sie wissen: Nun sind es nur noch wenige Stunden, bis die Misteri wieder an ihren angestammten Platz zurückkehren.

Süßer Duft über Marsala

Marsala ist unverwechselbar. An vielen Ecken der Stadt liegt ein süßer, aromatischer Duft über den Gassen. Vor allem am Hafen, wo die Weinfässer für den Export gestapelt werden. Marsala, das ist gleichbedeutend mit Wein, seit John Woodhouse 1773 sechzig Fässer davon in seine englische Heimat verschifft hatte. Aus Angst, der Wein könne bei dem Transport ›kippen‹, versetzte Woodhouse ihn zusätzlich mit Alkohol – und der ›Marsala‹ war geboren. Dem erfolgreichen Beispiel folgend, kamen auch die Familien Whitaker, Martinez, Florio und Pellegrino mit dem Export von Marsala zu Reichtum und Ansehen.

Heute produzieren rund um Marsala mehr als 200 *Stabilimenti*, wie die Weinfabriken genannt werden, pro Jahr eine Million Hektoliter des sanftwürzigen, bernsteinfarbenen Dessertweins, der von Anfang an in Konkurrenz zum portugiesischen Portwein stand. Das Produktionsverfahren des

SPECIAL

Gärten aus Salz

Die sizilianische Westküste zwischen Trápani und Mózia prägen ausgedehnte, flache Salzgärten, deren geometrisch abgegrenzte Teiche etwas an ein Schachbrettmuster erinnern. Die ganz schneeweißen Salinenfelder sind zusammen mit dem Fischfang der älteste Erwerbszweig der Region. Die Methoden blieben über die Jahrhunderte unverändert: Das in die Becken eingeleitete Meerwasser verdunstet, und eine Schicht kristallisierten Salzes bleibt zurück. Zweimal im Jahr wird das ›Weiße Gold‹ geerntet und zu ansehnlichen Salzhügeln aufgetürmt. Anschließend deckt man die Ernte mit Ziegeln ab, damit das Salz nicht verweht und durchnässt wird.

▲ *In den Salinen von Mózia wird seit der Antike Salz ›geerntet‹*

▲ *Érice: Chiesa Matrice mit frei stehendem Campanile ...*

▲ *... und Chiesa Sant'Orsola*

▼ *Autofreie Gassen in Érice*

▲ Segesta: Der Tempel der Elymerstadt gibt bis heute Rätsel auf ▼ Antikes Theater in Segesta

Marsala ist gesetzlich geregelt: Alle Trauben müssen aus den Provinzen Palermo und Trápani stammen.

Seinen einzigartigen Geschmack erhält der Marsala durch eine besondere Kelterung und die Mischung verschiedener Traubensorten. Zuletzt wird dem Grundwein ein eingedickter, mit Alkohol versetzter Most hinzugefügt.

Elymerstadt Segesta ...

Auf den ersten Blick erinnert Segesta an eine griechische Stadt. Der Eindruck täuscht. Segesta war die Hauptstadt der Elymer, eines Volkes, das sich vermutlich aus den sikanischen ›Ureinwohnern‹ und kleinasiatischen Einwanderern zusammensetzte. Segesta stand in ewiger Konkurrenz zu Selinunt.

Um dem zunehmenden politischen Druck der aufstrebenden Küstenstadt entgegenzuwirken, paktierten die Segestaner abwechselnd mit Athen und Karthago. Kulturell faszinierten sie die Hellenen, denen sie mit dem Bau eines Theaters und eines Tempels nacheiferten.

... und ihr rätselhafter Tempel

Der Tempel gibt viele Rätsel auf: Er ist unvollendet, die Cella fehlt gänzlich, die Säulen sind unkanneliert, ohne Rillen. Da Segesta zur Bauzeit (430 v. Chr.) in kriegerische Auseinandersetzungen verstrickt war, wird vermutet, die Segestaner hätten den Tempel nur errichtet, um die mit ihnen verbündeten Athener von ihrer Loyalität und ihrem Reichtum zu überzeugen.

Nach der Niederlage gegen Karthago im 4. Jh. bestand an einem Abschluss der Bauarbeiten entweder kein Interesse mehr oder es fehlten die Mittel. Vielleicht sollten auch die karthagischen Verbündeten durch die Vollendung eines griechischen Tempels nicht unnötig provoziert werden.

Andere erklären dagegen das Fehlen der Cella damit, dass die Elymer eine traditionelle Kultstätte von griechischen Architekten mit einem dorischen Säulenbau umgeben ließen.

Stumme Trümmer: Selinunt

Selinunt hat zwei Herren: Den wilden Sellerie, griechisch Selinos, der der Stadt ihren Namen gab und der Jahrtausende

▲ Hafen von Marinella

▼ Santissima Trinità di Délia bei Castelvetrano

▲ Ruderi di Gibellina von Alberto Burri

▲ *Archaische Anklänge: Schon die alten Griechen pflegten rund um Selinunt ihre Olivenbaumkultur*

▲ *Imposante Antike in Selinunt: hier mit Tempel G ...*

▼ *... und der Akropolis*

zwischen den Ruinen überlebt hat, sowie den Sand, der die Täler und Hügel des Küstengeländes im Wechselspiel verschluckte und wieder freigab.

Die antike Stadt ist abgesehen von den Tempelanlagen bis heute erst punktuell ausgegraben worden, so dass man sich nur schwer ein exakes Bild von ihrer einstigen imposanten Größe machen kann. Als westlichster Vorposten der griechischen Kultur war Selinunt zugleich auch der am meisten bedrohte.

Macht und Reichtum Selinunts waren den Karthagern ein steter Dorn im Auge. Von den Segestanern zu Hilfe gerufen, eroberte das karthagische Heer die Stadt, um sie dann Jahrhunderte später endgültig zu zerstören, damit sie nicht in die Hände der Römer fiel. Einzig die großartigen Tempelanlagen erinnerten als stumme Zeugen noch an die glanzvolle griechische Zivilisation, bis ein Erdbeben auch sie schließlich in ein riesiges Trümmerfeld verwandelte.

Gibellina, ein Ruinendenkmal

Über Gibellina brach die Katastrophe in der Nacht zum 15. Januar 1968 herein: Innerhalb kürzester Zeit zerstörte ein Erdbeben den gesamten Ort; kein Haus blieb verschont. Zwar wurden ›nur‹ 185 der 6000 Einwohner getötet, doch die Überlebenden wollten den tragischen Ort für immer verlassen. Zwanzig Kilometer weiter westlich fanden sie in Gibellina Nuova eine neue Heimat. Allerdings vergingen mehr als zehn Jahre, bevor die Menschen von Behelfsquartieren in ihre neue, auf dem Reißbrett geplante Stadt umziehen konnten, da die als Sofortmaßnahme zur Verfügung gestellten Gelder in dunklen Kanälen versickert waren ...

Das zerstörte Gibellina Vecchia verwandelte Alberto Burri in ein überdimensionales Kunstwerk: Der Bildhauer hat den alten Dorfkern einbetoniert und ein ›Leichentuch‹ aus weiß gestrichenem Zement geschaffen, das wie ein Fremdkörper in dem hügeligen Bélice-Tal liegt. Burri hat den Verlauf der Gassen sichtbar gemacht, indem er eineinhalb Meter tiefe Kanäle durch das Zementfeld führte. Das Todesdenkmal heißt ›Il Cretto‹, der Riss, und hat eine eindringliche, geradezu beklemmende Wirkung auf den Besucher.

Maßstab 1:300.000
0
5 km
Capo San Vito
SAN VITO LO CAPO
Torrazzo
Grotta di Cala Mancina
Punta di Sólanto
Torre dell'Usciere
Tonnara del Secco
Grotta Rácchio
Casa Valanga
Punta Tannure
Golfo di
Castellammare
Golfo del Cófano
Punta Lunga
Timpone
Mácari
Monte Passo del Lupo
Tonnarella dell'Uzzo
Ficarella
Scoglio Scialandro
Punta del Saraceno
Cava di Tufo
M.Speziale
Castelluzzo
M.Cófano
Cala Buguto
Golfo di Bonagía
Cornino
Custonaci
M.Palatimone
Purgatório
Riserva Zingaro
Punta di Capreria Grande
Cala Mazzo di Sciacca
Tonnara di Bonagia
Cortigliolo
Scurati
Piano Alastre
Pagliaia
Sperone
Assieni
Lúppino
Ponte Biro
M.Scardina
Casa Bernano
Torre Bennisti
Scopello
Capo Puntazza
M.Spárágio
Visicari
Punta Calabianca
(rom. SEGESTA)
Trappeto
Balestrate
Capo Rama
Torre di Capo Rama
Ísola Asinelli
Pizzolungo
Stele Virgiliana
Tonnara San Cusumano
ÉRICE
Sant'Andrea Bonagia
Santuario della Misericordia
Paparella
Valderice
P.te di Lentina
Lentina
Crocevie
San Marco
Fico
Crocci
Chiesa Nuova
Badia
Villa Coppola
M.le Cúrcie
la Tussia
Castello di Báida
Balata di Baida
Fraginesi
Madonna della Scala
Castello
CASTELLAMMARE DEL GOLFO
Alcamo Marina
Balestrate
Alcamo Est
Castello Calatubo
Castellammare d.G.
Livorno
Cágliari
Lido di San Giuliano
TRÁPANI
Cattedrale
Ísola Colombaia
Milo
Lenzi
Battáglia
Busèto Palizzolo
Pozzo delle Niviere
M.Inici
Villa Impastato
Alcamo Ovest
Terme Segestane
ÁLCAMO
(arab. Alkamuk)
Madonna dell'Alto
M.Bonifato
Pizzo Montelongo
M.Ferrici
Capo Grosso
Pizzo del Mónaco
Ísola di Lévanzo
Punta Leonardo
Lévanzo
Ísola Maraone
Ísola Formica
Torre Núbia
Núbia
Xitta
Staz.di Milo
Villa Belvedere
Casa Impolomeni
Nápola
Cíttá Póvera
Buseto Superiore
Murfi
Ballata
M.Scorace
M.Abbatello
Borgo Casale
Case Scuderi
M.Pietrafiore
Bruca
Staz.di Bruca
Pizzo del Bosco
Staz. di Calatafimi
Staz. Álcamo
Cant.
Ísole Égadi
108
PACECO
Dáttilo
Báglio Rizzo
Fulgatore
Ponte Biguara
Segesta
Témpio
Teatro
SEGESTA
Marino
Salina Grande
Pietretagliate
Palma
Marsala
Torre di Mezzo
Maráusa
Lido Maráusa
Fontanasalsa
Colleo
la Pérgola
Méndola
Eulgatore
M.Bernardo
Castello
CALATAFIMI-SEGESTA
Casa Cotrina
Casa Merlo
FAVIGNANA (ant.Aegusa)
Castello Florio
Punta Calarossa
Casa Di Vita
Punta Longa
Punta Marsala
Punta Fánfalo
Torre San Teodoro
il Corto
Birgi
Birgi Novo
Guarrato
Locogrande
Corallo
Vecchio
Rilievo
Ballottella
Casa Solina
Cant. Xiggiari
Casa Caramazza
M.Siggiare
Ponte di Bordino
Borgo Fittasi sottano
Báglionovo
Lago Rubino
Montagna Grande
Case Agosta
Ossario
Timpone del Nonno
Sirignano
M.Castellàccio di Fratácchia
Ísola S.Maria
Birgi Vecchi
Staz.di Ragattisi
Ponte di Cúddia
Cant. Cúddia
Ponte d.Collura
VITA
M.Polizzo
M.Baronia
Borgo Ereditá
Masseria Falcone
Gallitello
Staz.di Gallitello
Caltafalsa
Ísole dello Stagnone
MOZIA (fenici)
Ísola San Pantaleo
San Leonardo
Granatello
Dara
Marcanzotta
M.Borrània
Cúddia soprana
Borgo Guarine
Borgo Zaffarana
la Giarretta
Borgo Ranchibile
Borgo Ranchibilotto
Casa Tafele
Fìlci
Borgo Pietrarenosa
M.Orsino
Tunis
Kelibia, Sousse
Pantelleria
Ísola Grande
Santa Maria del Rosario
Staz.di Spagnuola
Ss.Filippo e Giacomo
Madonna della Cava
Pozzillo
Borgo Fazio
Serra d.Rocche
M.Sette Soldi
Casa della Pietra
Grignani
Perino
Ricalcata
Posillesi
Ulmi
Casuzze
Casa Fontana
Punta d'Alga
Tabaccaro
Addolorata
Borgo Rinazzo
Timpone Nasco
Casa San Nicola
Cant.
SALEMI
(ant. Halicyae)
Castello
Staz.di Salemi
Gibellina
Madonna delle Grazie
Cresta di Ràgo
M.Castellazzo
Santa Maria Sappusi
Paolini
Matarocco
Borgo Nuccio
Borgo Ghitarra
Ponte Bidduso
Castello di Mokarta
M.Finestrelle
Ruderi di Gibellina
Rampinzeri
M.Porcello
San Giovanni
Capo Lilibeo o Boèo
MARSALA
(rom.LILYBAEUM)
Santa Vénera
Nuccio
Brugnone
Parrinelle
Digerbato
Borgo Genna
Strada di Salemi
Borgo Iudeo Maggiore
Borgo le Gambine
Rampingallotto
Fiume Grande
Casa Coppola
SANTA NINFA
Ruderi di Salaparuta
Poggioreale
Abate
Ciavolotto
Madonna della Cava
Borgo Montalto
Chelbi
Calamita Vécchia
Áquila
Casa Vallaragut
Borgo di Buturro
Castellazzo
M.Pérgola
Lido Ponticello
Fiorina
Villapetrosa
Ciávolo
Sciacca
Masseria Vécchia
Borgo Calamita Nova
Case di Bucari
Case del Pozzillo
la Piana
Casa Patera
S. Ninfa-Partanna
Ponticello
Cardilla
Tortorelle
Torre Marcubbo
Casa Catalano
Casale
Borgo Iudeo
Borgo Áquila
Lido Signorino
Terrenove
Santo Padre delle Perriere
Torre Inchiapparo
Torre Busala
Val di Mazara
Madonna Buona
Casa Ágate
PARTANNA
Bélice
Castello Verraria
Convento delle Grazie
Torre Scibiliana
Strasatti
Palermo
Biancolidda
Borgata Costiera
Roccazzello
San Giórgio
Roccolino Soprano
Torre Grimesi
Lago della Trinità
Torre Biggini
Casa Russo
Montevago
Pizzolato
Petrosino
San Giuseppe
Piano Mezzapelle
Parrini
Rappareddi
Torre di Balsamo
Mázaro
Torre Granatelli
Borgo Elefante
Santa Trinità di Délia
CASTELVETRANO
Chiesa dello Staglio
Liotta
Molino Ferriato
Ponte Dragonara
Spano
Torre Triglia
Case Caruso
Casa Sant'Elia
Vignale
Casa Sant'Ágata
Délia
Campobello di Mazara
Castelvetrano
Torre Mendolia
Séggio
Valasuso
Rocchetta
Borgo Vecchio
M.Magaggiaro
Capo Feto
Mazara d.V.
MAZARA DEL VALLO
Masseria Antalbo
CAMPOBELLO DI MAZARA
Santa Teresa
Serralonga
Bivona
MENFI
la Bocca
Torre Campana
Rocche di Cusa
Santo Monte
Madonna di Trapani
Fermata Latomie
Parrino
Lago di Preola
Torre dei Gesuiti
Staz. di S.Nicola di Mazara
Baglio Ingham
Bresciana
Casa Calcara
Casa Pignatelli
Casa Bertolino
SELINUNTE
Necrópoli
Santuario d. Malophoros
Templi
Acrópoli
Marinella
Baglio Guardiola
Granítola-Toretta
Granítola
Torre
Tre Fontane
Triscina
Porto Palo
Torrenuova
Casa Fiore
Cárboj
Capo Granítola
Casa Maragani
Canale di Sicilia
Capo San Marco

Infos

Castellammare del Golfo 1

Die Kleinstadt an halbmondförmiger Bucht war in der Antike der Hafen der elymischen Städte Érice und Segesta.

Sehenswert: Das massive, auf einem trapezförmigen Grundriss errichtete **Kastell**, dessen Grundmauern noch aus arabischer Zeit stammen, aber von den Normannen und Spaniern umgebaut wurde.

Umgebung: Scopello (10 km nordwestl.) ist ein schöner Badeort am Osteingang zum Zingaro-Naturpark. Das Landstädtchen **Alcamo** (10 km südöstl.) besitzt mit der Chiesa Matrice im Stil der katalanischen Gotik und der barocken Kirche San Francesco d'Assisi zwei schöne Gotteshäuser. In **Buseto Palizzolo** (20 km südwestl.) ist die Palmsonntagsprozession sehenswert.

San Vito lo Capo 2

Dank der gepflegten Sandstrände und des nahen Zingaro-Naturparks hat sich San Vito lo Capo zu einem der beliebtesten Badeorte Siziliens gemausert.

Sehenswert: Chiesa Madre (16. Jh.), ein ehemaliges, zur Kirche umgebautes sarazenisches Kastell.

Aktivitäten: Wassersport, Wandern.

Veranstaltung: Estate, Musikkonzertreihe (Sommer).

ⓘ IAT, Via Savoia 72, I-91010 San Vito lo Capo, Tel./Fax 0923 97 24 64, www. apt.trapani.it

Érice 3

Die Stadt, eine der ältesten Siedlungen der Insel hoch über dem Meer auf dem Gipfel des Monte San Giuliano (751 m), gilt mit ihren gepflegten Gassen und historischem Gemäuer als das Taormina Westsiziliens.

Sehenswert: Das gesamte Städtchen; herausragend sind das **Normannenkastell** und die aus gotischer Zeit stammenden **Chiesa Matrice** sowie **Chiesa Sant'Orsola**.

Veranstaltungen: Karfreitagsprozession der kleinen Mysterien; **Musik des Mittelalters und der Renaissance** in verschiedenen Kirchen (Dez.).

ⓘ AACST, Viale Conte Agostino Pepoli 11, I-91016 Érice, Tel. 0923 86 93 88, Fax 0923 86 95 44.

Trápani 4

TOP ZIEL

Trápani (80 000 Einw.) ist das bedeutendste Handels- und Industriezentrum im Westen Siziliens. Von hier legen die Fähren zu den Ägadischen Inseln, nach Pantelleria sowie nach Tunis ab. Wegen der Form der Landzunge wurde die Stadt bereits in der Antike ›Drepanon‹ genannt, was so viel wie Sichel heißt. In der arabischen Epoche entwickelte sie sich zu einer der reichsten Städte Siziliens.

Sehenswert: Die Kathedrale **San Lorenzo** (17. Jh.) und das ehem. Karmelitenkloster **Santuario dell'Annunziata** (13. Jh., 1760 erneuert), auf der ganzen Insel berühmt wegen der Marmormadonna von Trápani.

Museum: Das Museo **Pepoli**, hervorgegangen aus einer Privatsammlung, besitzt eine umfangreiche Gemälde- und Skulpturensammlung regionaler Künstler. Hinzu kommen verzierte Korallen sowie Gold- und Silberarbeiten (Di.–So. 9.00–13.00, Sa. u. So. auch 15.30–19.00 Uhr).

Veranstaltungen: Karfreitagsprozession ›I Misteri‹; Luglio Musicale Trapanese, Konzertreihe mit Opern, klassischer Musik und Jazz (Juli–Sept.).

ⓘ APT, Via San Francesco d'Assisi 27, I-91100 Trápani, Tel. 0923 54 55 11, Fax 0923 2 94 30, www. apt.trapani.it

Segesta 5

TOP ZIEL

In erhabener Einsamkeit steht der Tempel von Segesta in einem Talkessel am Monte Barbaro. Das unvollendete Heiligtum, etwa 430 v. Chr. erbaut, besticht vor allem durch seine ausgewogenen Proportionen. Seine 36 Säulen sind jeweils 9,36 m hoch. Neben dem Tempel, einem der letzten großen vergleichbaren Bauten Siziliens, ist von der einstigen Elymerstadt nur das in den Fels des Monte Barbaro geschlagene Antike Theater (Durchmesser 63 m) erhalten (tgl. 9.00 Uhr–1 Std. vor Sonnenuntergang).

Veranstaltungen: Spettacoli Classici, klassische Tragödien im Antiken Theater (Juli u. Aug. in ungeraden Jahren).

ⓘ IAT, Piazza XV Gennaio 1968, I-91024 Gibellina, Tel./Fax 0924 6 78 77.

Marsala 6

Einladend wirkt sie nicht, die durch ihren Dessertwein weltbekannte Stadt, den man dort auch verkosten kann. Ihre Glanzzeit erlebte die von den Phöniziern gegründete Stadt unter den Arabern, die den Ort ›Hafen Allahs‹ (Marsa al Allah) nannten. Am 11. Mai 1860 landete hier Giuseppe Garibaldi mit 1000 Getreuen, um die Insel von der Bourbonenherrschaft zu befreien und somit den Grundstein für ein geeintes Italien zu legen.

Sehenswert: Der Duomo **San Tomaso**, ein ursprünglich normannischer Bau mit schmucker Barockfassade.

Museum: Das **Museo Archeologico Baglio Anselmi** zeigt wertvolle archäologische Zeugnisse, u. a. ist ein gut erhaltenes punisches Schiff aus dem 4. Jh. v. Chr. zu sehen, das vor Marsala gehoben wurde (tgl. 9.00–14.00 Uhr, Mi., Fr.–So. auch 16.00–18.30 Uhr.

Veranstaltungen: Gründonnerstagsprozession; Feier des Stadtheiligen San Battista (24. Juni).

ⓘ IAT, Via XI Maggio 100, I-91025 Marsala, Tel./Fax 0923 71 40 97.

Mazara del Vallo 7

Die attraktive Kleinstadt ist zwar Siziliens wichtigster Fischereihafen, doch auch das agrarisch geprägte Hinterland trägt zum Wohlstand der Stadt bei. Die 5000 Seelen zählende islamische Gemeinde gehört zu den größten Italiens. Auch Mazara geht auf die Phönizier zurück; unter den Arabern erlebte es seine größte Blüte.

Sehenswert: Die **Kathedrale** mit ihrem barocken Campanile sowie die **Altstadt** mit ihren engen Gassen.

Veranstaltungen: Lu Fistinu di San Vito, dreitägiges Fest des Stadtheiligen (zwischen dem 13. und 15. Juni).

Umgebung: Castelvetrano (20 km östl.) ist ein lebendiges Landstädtchen, das sich rund um die Piazza Garibaldi von seiner schönsten Seite zeigt. Ein Kleinod ist die 4 km außerhalb gelegene Normannenkirche **Santissima Trinità di Délia** (12. Jh.).

ⓘ IAT, Piazza Santa Venerande 2, I-91026 Mazara del Vallo, Tel./Fax 0923 94 17 27.

Selinunt/Selinunte 8

TOP ZIEL

Allein die Weiträumigkeit der Ausgrabungszone lässt die einstige Größe des antiken Selinunt noch erahnen. Mit mehr als 100 000 Einwohnern war Selinunt eine der größten Städte im Mittelmeerraum. Gegründet wurde die Siedlung von griechischen Kaufleuten ab 628 v. Chr. Eine Niederlage gegen die Karthager 409 v. Chr. zog einen großen Bedeutungsverlust nach sich. 250 v. Chr. wurde die Stadt erneut von den Karthagern geschleift und verfiel.

Sehenswert: Die gesamte **Archäologische Zone** mit den Ruinen der verschiedenen, mit Buchstaben bezeichneten Tempel. Den besten Eindruck vermittelt der Tempel E, dessen Säulen wieder aufgerichtet wurden. Der Tempel G (54 m breit, über 113 m lang) ist noch als Ruine ein Koloss (tgl. 9.00 Uhr–1 Std. vor Sonnenuntergang).

Umgebung: Fischerdorf **Marinella di Selinunte** (1 km südl.) mit schönem Sandstrand.

ⓘ IAT, Parco Archeologico, I-91022 Castelvetrano-Selinunte, Tel./Fax 0924 4 62 51.

3

Eine Stadt im Aufbruch

Palermo ist eine Stadt, wie sie gegensätzlicher nicht sein könnte: ein Mythos, ein gigantischer Moloch, der die Vielfalt Siziliens in einmaliger Weise vereint. Orientalisch anmutende Kirchen und Paläste stehen neben verfallenen Häusern und neuen, vornehmen Cafés. Rundherum pulsiert das Leben – heute angstfrei bis in die Altstadtgassen, seitdem die Mafia, beginnend mit dem langjährigen couragierten Bürgermeister und Korruptionsbekämpfer Leoluca Orlando, an Einfluss verloren hat und Sanierungsgelder nicht mehr in dunklen Kanälen verschwinden.

Das Teatro Massimo gehört zu den begehrtesten Reisezielen für Opernfreunde aus der ganzen Welt.

▲ Stilvolle Kulisse: San Francesco d'Assisi

▼ Stille Oase: Innenhof des Archäologischen Museums

▲ Am Hafen: zu Füßen des Monte Pellegrino

▲ Eine von vielen Bars

▼ Der Dom ist ein Fixpunkt im Gewirr der Gassen und Straßen

▼ Trattoria

Von zwei Vorgebirgen begrenzt, liegt Palermo in einer fruchtbaren Ebene, der ›Conca d'Oro‹. Heute erinnert nur noch der Name Goldene Muschel an die leuchtenden Orangenhaine, die in der Nachkriegszeit der Gier nach Bauland zum Opfer fielen. Wer nicht per Schiff, sondern mit dem Auto oder Zug nach Palermo fährt, bekommt eine ganz andere Seite der Stadt zu Gesicht: Die trostlosen Betonquartiere der Außenbezirke gelten als ›Conca di cemento‹, mit deren Bau die Mafia ihr Geld wusch. Doch der Einfluss der Mafia ist geschwunden. Seit den Attentaten auf die Ermittlungsrichter Falcone und Borsellino weht ein neuer Wind durch die Altstadtgassen.

SPECIAL

Ein Bürgermeister im Kampf gegen die Mafia

Der im Jahr 1947 in Palermo geborene Rechtswissenschaftler und Schriftsteller Leoluca Orlando war in den Jahren 1985 bis 1990 und 1993 bis 2000 Oberbürgermeister seiner Heimatstadt und stand wegen seiner couragierten Bekämpfung der organisierten Kriminalität und Korruption über Jahre hinweg auf der Abschussliste seiner Gegner. Er ließ sich davon jedoch nicht beirren und fand schließlich im ›Kampf der Frauen‹ ungewöhnlich breite Unterstützung vor allem in der weiblichen Bevölkerung. Heute exportiert Sizilien in Orlandos Worten nicht mehr die Krankheit des organisierten Verbrechens, sondern deren Therapie. Nach seinem Ausscheiden aus dem Amt wurde Orlando Mitglied des Europarats und Präsident des Sicilian Renaissance Institute. Im Jahr 2002 veröffentlichte er seine Autobiografie, ›Ich sollte der nächste sein‹, und zuletzt 2004 eine Geschichtensammlung unter dem Titel ›Der sizilianische Karren‹.

Glanzvolles Teatro Massimo

Als Symbol für den mit Leoluca Orlando verbundenen Wandel wurde 1997 auch die Wiedereröffnung des Teatro Massimo gefeiert. Das größte und prächtigste Theater Siziliens war 1974 für kleine Reparaturarbeiten geschlossen worden und moderte unaufhaltsam vor sich hin. Obwohl umgerechnet 50 Millionen Euro für die Renovie-

▲ In Palermos Gassen und auf den kleinen Plätzen herrscht den ganzen Tag über ein reges Treiben

▼ Der 1779 gegründete Orto Botanico ...

▲ Palermos Kreuzkuppelkirche La Martorana verrät die Handschrift der arabischen Baumeister

▼ ... begeisterte schon Goethe

▲ Farbenprächtiger Markt: der Ballarò ▼ Lustschlösschen: Castello della Zisa

rung ausgegeben wurden, versickerten die öffentlichen Gelder in dunklen Kanälen; die Baufirmen arbeiteten so ›gründlich‹, dass das Dach undicht und der bis dato intakte Innenraum schwer beschädigt wurde.

Auch das öffentliche Leben hat sich in Palermo verändert: Hunderte Cafés und Restaurants haben ihre Tische auf die Straße gestellt. Die Via Belmonte wurde eine vornehme Fußgängerzone, auf der man sich wieder allabendlich trifft.

Orientalischer Singsang

Doch es gibt auch Ecken, an denen die letzten Jahre spurlos vorüber gegangen sind, und zwar im positiven Sinne. Im verschachtelten Fuchsbau der Vucciría preisen die Händler wie eh und je ihre Waren mit beschwörenden Gesten und orientalisch anmutendem Singsang, der *Abbanniata*, an. Die Stände biegen sich unter den Auslagen: Zitternde Fische, Orangenberge, Gemüse und Kräuter. Rinderhälften sind aufgereiht wie Theaterkulissen. Dazwischen Kinder, die über Wasserpfützen springen; Vespas rattern vorbei an dekorativ aufgetürmten Muschelbergen, während am Stand gegenüber das Blut der frisch geschlachteten Ziegen auf den Boden tropft.

Treffpunkt Quattro Canti

Der verwinkelte Grundriss und die Anlage der Altstadt entsprechen in etwa dem arabischer Städte. Erst die Spanier sorgten für ›Ordnung‹ und schlugen vor 400 Jahren zwei sich im rechten Winkel schneidende Achsen durch das Gassengewirr. An den Quattro Canti, einem kreisförmigen Platz, treffen sich die beiden Schneisen Via Vittorio Emanuele und Via Maqueda. Der römische Architekt Giulio Lasso verstand es, die vier Ecken der Kreuzung geschickt in konkav geschwungene Palastfassaden zu integrieren.

Die königliche Achse

Die Via Vittorio Emanuele ist der umbenannte Cassarò. Als königliche Achse verbindet er seit jeher das Normannenschloss mit dem Hafen. Daher verwundert es nicht, dass sich die Piazza Cattedrale zum Cassarò öffnet. Der Dom selbst ist zugleich Grablege des normannisch-staufischen Königshauses. Auch Friedrich II., der wohl

▲ Palermos Dom: einer der bedeutendsten Normannenbauten Siziliens

▲ Die Kirche San Giovanni degli Eremiti ... ▼ ... mit ihrem Kreuzgang

▲ Juwel des Normannenpalastes: die Cappella Palatina

▲ *Heiligenverehrung: Hier wurden Rosalias Gebeine gefunden*

▼ *Festa di Santa Rosalia*

größte sizilianische Herrscher, ruht im Halbdunkel der Kirche. Seit dem Jahr 1251 liegt der Staufer in einem Porphyrsarkophag. Als Wissenschaftler im Jahr 1999 das Grab öffneten, staunten sie über den guten Zustand des mumifizierten Leichnams. Der Kaiser trägt mit Gold besetzte Gewänder aus Seide, zu seiner Linken ein Schwert, zu seiner Rechten eine metallene Erdkugel. Ein Rätsel blieb allerdings ungelöst: Wer ist die Frau, die 90 Jahre nach dem Tod des Staufers in seinem Sarkophag beerdigt wurde?

SPECIAL

Rosalia, die Pestheilige

Als im Jahr 1624 in Palermo die Pest wütete, trug man die Gebeine einer Eremitin namens Rosalia, die sich im 12. Jahrhundert in eine Grotte am Monte Pellegrino zurückgezogen hatte, durch die Stadt, und siehe da: Die Pest verschwand. Seither ist Rosalia die berühmteste Heilige in Palermo. Ihr zu Ehren werden alljährlich zwei Feste abgehalten. Fast die gesamte Stadt nimmt an den Prozessionen teil, bei der eine Statue der heiligen Rosalia auf einem reich geschmückten Wagen durch Palermo und zum Monte Pellegrino gezogen wird. Besonders prächtig ist das riesige Feuerwerk am Hafen, das am letzten Abend stattfindet.

Bizarre Kapuzinergruft

Nur einer Treppe bedarf es in Palermo, um in das Reich der Toten zu gelangen. In den Katakomben des Convento dei Cappuccini warten die sterblichen Überreste einer in Samt und Seide gekleideten Gesellschaft. Eher zufällig entwickelten die Kapuzinermönche vor mehr als 400 Jahren eine Methode, mit der sie fortan ihre verstorbenen Brüder mumifizierten. Einmal bekannt geworden, entdeckten auch die vermögenden Palermitaner ihre Begeisterung für diesen Totenkult.

Im Laufe der Zeit wurden die 8000 mumifizierten Toten dann allerdings sich selbst überlassen, so dass die Katakomben wie ein bizarrer Pranger erscheinen. Angesichts der bröselnden Knochen, grotesk verrenkt, mühsam von Draht und Kleidungsresten zusammengehalten, stockt ungewollt der Atem.

Palermo
Maßstab 1:12.500
250m
Génova, Livorno, Ústica, Nápoli
Salerno, Cágliari, Tunis, València
PORTO
Molo Nord
Molo Piave
Molo Vittorio Veneto
Stazione Marittima
Molo Sud
Banchina Sammuzzo
Capitaneria di Porto
Mercato Ittico
la Cala
Archivio di Stato
S. Maria d. Catena
Porta Felice
Foro Italico Umberto I
Villa a Mare
Piazza S. Spirito
Pal. Chiaramonte
Piazza Marina
Gardino Garibaldi
Oratorio di S. Lorenzo
Museo d. Marionette
S. Francesco d'Assisi
Alloro
La Pietà
Pal. Abatellis (Galleria Reg.)
La Gancia
S. Teresa
Piazza d. Kalsa
Via d. Spasimo
S. Maria d. Spasimo
Piazza Magione
La Magione
Pal. Aiutamicristo
Porta Reale
Villa Giulia
Orto Botanico
Giardino Tropicale
Via Archirafi
Via Lincoln
Via Abramo
Corso dei Mille
Staz. Centrale F.S.
Piazza Giulio Cesare
Via Maqueda
Via Roma
Corso Vitt. Emanuele
Via Cavour
Via Ruggero Settimo
Via Volturno
Via d. Cala
Porta Carbone
S. M. la Nuovo
S. Maria di Porto Salvo
Piazza S. Domenico
Oratorio d. Rosario
Oratorio di S. Cita
S. Giorgio d. Genovesi
Piazza S. Giorgio
Prefettura
Museo Archeologico
Piazza Olivella
Ch. d. Olivella
Posta e T.
Monteleone
Via Bandiera
Pal. Pietratagliata
S. Antonio
S. Matteo
Fondaz Mormino
S. Anna
S. Caterina
Municipio
Martorana
S. Giuseppe d. Teatini
Università
Via A. Paternostro
Via Garibaldi
Via Divisi
Via Milano
Via Torino
Pal. S. Croce
Ponticello
Gesù
Pal. Comitini
Biblioteca Comunale
Via d. Bosco
Piazza d. Carmine
Porta S. Antonino
Porta S. Agata
Via Porta S. Agata
Altofonte
Via C. Pisacane
Villabate
S. Antonino
Via Albergheria
Via Mongitore
Pal. Sclafani
S. Salvatore
Villa Bonanno
Biblioteca Region.
Piazza Cattedrale
Cattedrale
Pal. Arcivescovile Museo Diocesano
Piazza dei 7 Angeli
Piazza Papireto
Piazza Peranni
Piazza d. Vittoria
Pal. d. Normanni (Capella Palatina)
Piazza d. Pinta
Porta di Castro
Piazza Indipendenza
Pal. Orleans
S. Giov. d. Eremiti
Parco d'Orleans
Corso Calatafimi
Via Amedeo
Piazza Nuova
Porta d. Ossuna
Via Mosca
Via Papireto
Piazza Beati Paoli
Piazza Noviziato
Porta Guccia
Corso Alberto
Palazzo di Giustizia
Piazza Vitt. Eman. Orlando
Via Carini
Via Porta Carini
Piazza S. Onofrio
Via Candelai
Ch. d. Crociferi
S. Agostino
Piazza G. Verdi
Teatro Massimo
Villa Filippina
V. Goethe
Via Pignatelli D'Aragona
Via Stabile
Piazza S. Oliva
Francesco di Paola
Via P. Paternostro
Via d. Giostra
Piazza Castelnuovo
Piazza Ruggero Settimo
Politeama
Galleria Arte Moderna
Via Principe di Scordia
Via Mariano Stabile
Bel Principe
Ente Autonomo d. Porto
Via E. Amari
Piazza Sturzo
Porta S. Giorgio
Via Filippo Patti
Via Crispi
Via Sammuzzo
Via Francesco Crispi
Via del Mare
Via Carini
Corso Domenico Scina
Via della Libertà
Air-terminal
Via Mazzini
V. Q. Sella
Via Catánia
Via Siracusa
Princ.
Via XX. Settembre
Via Messina
Via G. Marconi
Via di Villafranca
Via Dante
Via Sammartino
V. Latini
Piazza Amendola
Via G. Cusmano
Piazza Virgilio
Piazza D. Siculo
V. G. Cantore
Via Malaspina
Piazza Stazione Lolli
Stazione Lolli
Via Re Federico
Via Aprile
Via A. Veneziano
Via A. Narbone
Via F. Parlatore
Piazza Busacca
Via G. Aurispa
Serradifalco
Villa Malfitano
Villa Camporeale
Piazza Principe di Camporeale
Corso Finocchiaro
Via Guglielmo il Buono
Via Contessa Giuditta
Via C. Lascaris
V. Whitaker
V. Cantu
Piazza Zisa
Zisa
Via Zisa
Vicolo Zisa
Via d'Ossuna
Piazza Ingastone
Cipressi
Via G.
Colonna Rotta
Piazza Danisinni
Danisinni
Cappuccini
Convento d. Cappuccini
Via Pindemonte
Monreale

Palermo

Die sizilianische Metropole (730000 Einw.) ist Sitz des Regionalparlaments, Hafen- und Universitätsstadt. Von den Phöniziern gegründet, gehörte Palermo schon bald zum kulturellen und wirtschaftlichen Einflussbereich der Griechen. Die im Punischen Krieg siegreichen Römer errichteten im 3. Jh. v. Chr. mächtige Befestigungsmauern, die die Stadt auch noch in der byzantinischen Epoche umgaben. Nach der arabischen Eroberung wurde Palermo 831 n. Chr. die Hauptstadt des muslimischen Emirats Sizilien und stieg damit zur Inselmetropole auf. Als die Normannen Palermo 1072 einnahmen, lebten mehr als 100 000 Menschen in der Stadt. Die kulturelle Blüte setzte sich auch unter den normannischen Herrschern fort. Nach einem kurzen französischen Zwischenspiel brachten die Aragonesen und die spanischen Vizekönige der Stadt Wohlstand und barocken Glanz.

Sehenswertes 1 – 13

Unter Palermos zahlreichen Adelspalästen ragt der **Palazzo Chiaramonte** 1, Piazza Chiaramonte, heraus. Der im 14. Jh. von einem der bedeutendsten Adelsgeschlechter erbaute Palast ist beispielhaft für die so genannte Sizilianische Gotik. Später residierten hier erst die spanischen Vizekönige, bevor das Inquisitionsgericht einzog. Die **Chiesa di San Domenico** 2, Piazza San Domenico, gilt als Palermos schönste Barockkirche. Die dreischiffige, zu Beginn des 17. Jh. umgebaute Dominikanerkirche ist mit einem Fassungsvermögen von 8000 Menschen das größte Gotteshaus der Stadt. **San Francesco d'Assisi** 3 aus dem 13. Jh. wurde nach der Zerstörung im Zweiten Weltkrieg wieder aufgebaut. Die auch Santa Maria dell'Ammiraglio genannte **Chiesa La Martorana** 4, Piazza Bellini 3, wurde im 12. Jh. als byzantinische Kreuzkuppelkirche errichtet. Das Innere ist mit prächtigen Mosaiken geschmückt, darunter eine Darstellung Rogers II., der durch Christus höchstpersönlich gekrönt wird (Mo.–Sa. 8.00–13.00 u. 15.30–17.30, So. 8.30–13.00 Uhr). Ein arabisches Meisterwerk ist die benachbarte Kirche **San Cataldo** 5, Piazza Bellini, ein Kubusbau, der von drei hoch aufragenden roten Kuppeln abgeschlossen wird (Mo.–Fr. 9.00–15.30, Sa. u. So. 9.00–12.30 Uhr). Der **Dom** 6, Piazza Cattedrale, wurde von den Normannen im 12. Jh. anstelle der arabischen Hauptmoschee errichtet. Der Ostchor mit seinen drei Apsiden befindet sich noch im ursprünglichen Zustand. Durch spätere An- und Umbauten (z.B. die gotisch-katalanische Vorhalle und die große Kuppel) büßte die Außenansicht ihr homogenes Erscheinungsbild ein. Auch das Kircheninnere hat im Barockzeitalter seinen eigentlichen Charakter verloren. In zwei Kapellen im linken Seitenschiff befinden sich in vier Sarkophagen die sterblichen Überreste von Roger II. und seiner Tochter Konstanze sowie von Friedrich II. und seinem Vater Heinrich VI. (Mo.–Sa. 7.00–19.00, So. 8.00–13.00 Uhr u. 16.00–19.00 Uhr). Auf dem Gelände vom **Normannenpalast** 7 hatten bereits die Phönizier, später dann die Araber, eine Burg errichtet, die nach zahlreichen Umbauten seit 1947 Siziliens Regionalparlament beherbergt. Herzstück des verschachtelten Palazzo dei Normanni ist die **Cappella Palatina** (12. Jh.), eine dreischiffige Säulenbasilika mit kostbaren Mosaiken, bei deren Bau lateinische und byzantinische Architekturkonzepte kongenial miteinander verschmolzen wurden. Die Kuppel der Hofkapelle wird von einem mächtigen Mosaik mit dem Bildnis des Christus Pantokrator geschmückt. Die Königlichen Gemächer, **Appartamenti Reali**, liegen im zweiten Obergeschoss (Mo.–Fr. 9.00–11.45 u. 15.00–16.45 Uhr, Sa. 9.00–11.45, So. 9.00–9.45 u. 12.00–12.45 Uhr). An der Klosterkirche **San Giovanni degli Eremiti** 8, Via dei Benedettini, ist noch deutlich die arabische Bautradition zu erkennen. Von fünf roten Kuppeln gekrönt, liegt sie inmitten eines verträumten Gartens mit exotischen Gewächsen. Besonders reizvoll ist auch der Kreuzgang mit seinen zierlichen Zwillingssäulen (Mo.–Fr. 9.00–13.00 u. 15.00–18.00 Uhr, Sa. 9.00–13.00, So. 9.00–12.30 Uhr). In den Katakomben des **Convento dei Cappuccini** 9, Piazza Cappuccini, ruhen 8000 mumifizierte Palermitaner (tgl. 9.00–12.00 u. 15.00–17.00 Uhr). Das **Castello della Zisa** 10, Piazza Guglielmo il Buono, ist eines der wenigen profanen Baudenkmäler, die auf Sizilien von der islamischen Kultur zeugen. Obwohl das Lustschloss (12. Jh.) von den Normannenkönigen in Auftrag gegeben wurde, verkörpert es in erster Linie den arabischen Lebensstil. Die Zisa war ein Sommersitz mit dem Flair von 1001 Nacht. Ein Brunnensaal bildet den Mittelpunkt des Bauwerks (Mo.–Sa. 9.00–18.30, So. 9.00–12.30 Uhr). Von 1875 bis 1897 errichtet, 1997 nach einer jahrzehntelangen ›Renovierung‹ wieder neu eröffnet, beherbergt das **Teatro Massimo** 11, Piazza Verdi, eine der größten Bühnen Europas. Nach dem Stadtrundgang erlebt man den **Orto Botanico** 12, Via Lincoln 2 b, als eine grüne Oase inmitten der hektischen Metropole. Der im Jahr 1779 gegründete Botanische Garten gehört zu den bedeutendsten Parkanlagen Europas und beherbergt mehr als 10 000 verschiedene Pflanzen aus allen fünf Kontinenten (Mo.–Fr. 9.00–17.00, Sa. u. So. 9.00–13.00 Uhr). Gartenliebhaber können anschließend auch den benachbarten Stadtpark **Villa Giulia** 13 aufsuchen.

Museen 14 – 18

Die Entwicklung der bildenden Kunst auf der Insel zeigt die Sizilianische Regionalgalerie **Galleria Regionale della Sicilia** 14 im Palazzo Abatellis, Via Alloro 4 (Mo.–Sa. 9.00–13.30, So. nur bis 12.30 Uhr, Di., Do. auch 15.00–19.30 Uhr). Das **Museo Internazionale delle Marionette** 15, Via Butera 1, gehört zum Pflichtprogramm für alle Liebhaber des Marionettentheaters. Gelegentlich finden auch Aufführungen statt (Mo.–Fr. 9.00–13.00 u. 16.00–19.00 Uhr).

Das ehemalige Kloster San Felippo Neri birgt das **Museo Archeologico Antonio Salinas** 16, Piazza Olivella. Als wichtigstes Archäologisches Museum Siziliens besitzt es zahlreiche Zeugnisse von der Vorgeschichte bis hinein ins spätrömische Zeitalter, leider wenig ansprechend präsentiert (tgl. 9.00–13.45, So. nur bis 13.15 Uhr, Di., Do. u. Fr. auch 15.00–19.30 Uhr). Gemälde aus dem 20. Jh., darunter auch Werke von Renato Guttuso, sind in der **Galleria d'Arte Moderna** 17, Via Filippo Turati 10, zu sehen (Di.–Sa. 9.00–19.30, So. 9.00–13.00 Uhr). Das von dem Arzt und Volkskundler Giuseppe Pitrè begründete Volkskundemuseum **Museo Etnografico Siciliano Pitrè** 18, Viale Duce degli Abruzzi 1, gibt einen guten Einblick in die sizilianische Alltagsgeschichte (Sa.–Do. 8.30–19.00 Uhr).

Märkte, Feste, Nachtleben 19 – 22

Märkte (alle tgl.): Am ältesten und bekanntesten ist die **Vucciría** 19 zwischen Piazza San Domenico und Hafen. Eine vergleichbare Angebotsvielfalt besitzt der **Ballarò** 20 zwischen dem gleichnamigen Platz und der Piazza Carmine. Textilien und Schuhe bietet der **Capo** 21 an, um die Via Sant'Agostino. Nördlich der Via Papireto gibt es Antiquitäten und Trödel auf dem **Mercato delle Pulci** 22.

Veranstaltungen: U Fistinu di Santa Rosalia, Festlichkeiten zu Ehren der hl. Rosalia (vom 14.–15. Juli); **Festa di Santa Rosalia** mit Prozession (4. Sept.) zur gleichnamigen, der Heiligen geweihten Grotte am Monte Pellegrino (zu besichtigen tgl. 8.30–12.30 u. 14.00–18.00 Uhr); **Musiksaison** in der Villa Castelnuovo; **Opernsaison** im Teatro Massimo (Nov. bis Mai); **Palermo di Scena**, Sommerkulturfestival; **Festival del Novecento**, Kunst, Theater und Musik des 20. Jh. (Okt.–Nov.).

Nachtleben: Auf der Piazza Olivella in der Altstadt und entlang der Via Gelso trifft man sich abends in Bars und Kneipen. In den Sommermonaten verlagert sich das Nachtleben größtenteils nach Mondello.

ⓘ AAPIT, Piazza Castelnuovo 35, I-90141 Palermo, Tel. 091 605 83 51, Fax 091 58 63 38, www.aapit.pa.it

ANTIC

Kunst, Kultur und Natur

Zwischen Palermo und Agrigent erstreckt sich eine der ursprünglichsten Gegenden Siziliens: eine noch immer stark landwirtschaftlich geprägte Region mit bewaldeten Gebirgszügen und wenigen kleineren Städten und Dörfern, darunter das als Mafianest gebrandmarkte Corleone. Kulturelle Höhepunkte sind der Dom von Monreale mit seinen byzantinischen Mosaiken im Norden und die Tempel von Agrigent im Süden.

In Sciacca an der Südküste ist der Fischfang noch immer die Haupterwerbsquelle.

▲ Der Normannendom mit seinem kunstvollen Dekor krönt das Hügelstädtchen Monreale

▲ Seit 800 Jahren kaum verändert ist das prächtige Innere des Doms von Monreale

▲ Heiraten in Monreale

▼ Baden in Mondello

▲ Höhepunkt sizilianischer Bildhauerkunst: die Kapitelle ... ▼ ... im Kreuzgang von Monreale

Der Dom von Monreale ist eine ›politische‹ Gründung, dazu bestimmt, den Machtanspruch der normannischen Könige gegenüber dem Papst zu demonstrieren. Aus diesem Grund erinnert der Innenraum weniger an eine Kirche als an einen großzügig dimensionierten Thronsaal. Ihn schmückt der größte Mosaikenzyklus des Mittelalters, ein imposanter Bilderteppich des Alten und Neuen Testaments, dessen Krönung das Bild des Pantokrators in der Hauptapsis darstellt. Der Kreuzgang der ehemaligen Benediktinerabtei präsentiert sich als harmonisches Potpourri: Seine vier Flügel werden von 228 Doppelsäulen eingerahmt, wobei kein Säulenpaar dem anderen gleicht. Die Säulen zieren arabische Intarsienbänder, während die Kapitelle Fabelwesen, religiöse und profane Szenen zeigen. Für die Steinmetzarbeiten wurden provenzalische, byzantinische und italienische Bildhauer angeworben, selbst burgundische Einflüsse lassen sich ausmachen.

Bagherias verwelkte Pracht

Einst war Bagheria ein heiterer Villenvorort mit ausgedehnten Gärten und Parkanlagen. Doch nach dem Zweiten Weltkrieg wurden die barocken Villen zum beliebten Spekulationsobjekt. Die Schriftstellerin Dacia Maraini, die in Bagheria aufgewachsen ist, beklagte in einem einfühlsamen Buch, wie das Bagheria ihrer Kindheit in wenigen Jahren durch Korruption und mangelndes öffentliches Interesse zu einem gesichtslosen Landstädtchen verkam. Die alten Paläste wurden rigoros abgerissen, um Platz für betongraue Mietskasernen zu schaffen.

Die Villa Valguarnera, in der die langjährige Lebensgefährtin von Alberto Moravia ihre Kindheit verbracht hatte, gehört zu den wenigen erhaltenen Baudenkmälern, die an das goldene Zeitalter der Stadt erinnern. Die Vorliebe der bedeutenden sizilianischen Adelsfamilien, den Sommer in einer Villa vor den Toren Palermos zu verbringen, führte im 18. Jahrhundert dazu, dass in Bagheria mehr als sechzig Paläste errichtet wurden, darunter auch die berühmte Villa Palagonia. Der eigenwillige Skulpturenschmuck mit Zwergen, Monstern und Krüppeln, über den sich schon

▲ *Im Landesinneren: Piana degli Albanesi*

▲ *Cáccamo mit Kastell*

▼ *Östlich von Palermo: Ruinen von Solunto*

▼ In Corleone

▼ Zur Hofmauer der Villa Palagonia in Bagheria gehört ...

▼ ... ein grotesk wirkendes Figurenensemble

Goethe mokierte, verleiht dem Adelspalast ein skurriles Aussehen. Bereits die Zeitgenossen rätselten darüber, nach welchen Vorbildern die Figuren gefertigt wurden. Die kostbare Innenausstattung ist verloren gegangen, doch lassen repräsentative Räume wie der Spiegelsaal die Pracht des Palastes noch erahnen.

SPECIAL

Ietum: Faszinierend und kaum bekannt

Das antike Ietum gehört zu den unbekanntesten Ausgrabungsstätten Siziliens. Während in Syrakus oder Selinunt die Besucherströme nicht enden wollen, finden nur wenige Reisende den Weg auf das Gipfelplateau des Monte Iato. Gewiss: Mit den prächtigen Tempelanlagen anderer griechischer Städte kann Ietum nicht konkurrieren, doch liegt die im 5. Jahrhundert v. Chr. gegründete Stadt inmitten einer faszinierenden Landschaft auf einem steil emporragenden Bergplateau. Die erst 1998 abgeschlossenen Grabungen haben große Teile der Stadt ans Tageslicht gebracht, darunter ein griechisches Theater, die Agora und einen Aphrodite geweihten Tempel.

Neues Image für Corleone

Don Vito Corleone – so hieß Marlon Brando in der Verfilmung von Mario Puzos Roman ›Der Pate‹. Fürwahr ein trefflicher Name, gilt doch das sizilianische Corleone als die Mafiahochburg schlechthin: So berühmte Mafiosi wie Luciano Liggio, Bernardo Provenzano und Salvatore – Totò – Riina stammten aus dem verträumten Provinzstädtchen.

Auf den ersten Blick unterscheidet sich Corleone allerdings nicht von anderen süditalienischen Kleinstädten. Wer zufällig durch die karge, nur spärlich besiedelte Landschaft der Monti Sicani nach Corleone kommt, wird sich kaum vorstellen können, dass die Straßen des 11 000-Seelen-Orts mit Blut getränkt sind. Über 150 Menschenleben forderten die Machtkämpfe der verfeindeten Clans in den letzten vier Jahrzehnten.

Als 1993 mit Giuseppe Cipriani erstmals ein Linksdemokrat zum Bürgermeister ge-

▲ *Wie ein Adlernest klebt Caltabellotta an einem mächtigen Dolomitfelsen*

▲ *Fischerboote im Hafen von Sciacca*

▼ *Kreidefelsen von Eraclea Minoa*

▲ In San Leone, einem Vorort von Agrigent

▼ Spleenige Fantasien: Castello Incantato

wählt wurde, wollte sich dieser nicht mit dem katastrophalen Image seiner Heimatstadt abfinden. Cipriani hatte sich vorgenommen, Corleone zu verändern. Dazu schlug er ungewöhnliche Pfade ein: 1996 konnte er den umstrittenen Benetton-Fotografen Oliviero Toscani für die Idee gewinnen, die Frühjahrs- und Herbstkollektion des Modehauses in Corleone mit einheimischen ›Models‹ zu fotografieren. Der größte Coup gelang ihm jedoch im Dezember 2000, als der Uno-Generalsekretär Kofi Annan hier ein Internationales Mafia-Dokumentationszentrum eröffnete. Dieses von Giuseppe Cipriani ins Leben gerufene ›Archiv der Grausamkeiten‹ soll das Schweigen durchbrechen, damit sich für Corleones Jugend eine Zukunft jenseits der Mafia öffnet.

Skurrilitäten: Castello Incantato

Ein paar Kilometer östlich von Sciacca glaubt man, unverhofft in einen verzauberten Märchengarten geraten zu sein. Inmitten eines schönen, mediterranen Olivenhains stehen teuflische Fratzen und melancholische Paladine, insgesamt mehr als 3000 skurrile Kopfskulpturen, größtenteils aus Stein gehauen, manchmal auch in Baumrinden geritzt.

Doch weit gefehlt, dieses so genannte Castello Incantato beruht auf einem Spleen nach bester englischer Tradition. Sein Schöpfer, der im Jahr 1967 verstorbene Filippo Bentivegna, war in jungen Jahren nach Amerika ausgewandert, um als vermögender Mann in seine Heimat zurückzukehren. Fortan lebte er zurückgezogen in seinem Landhaus und meißelte über Jahrzehnte hinweg merkwürdige Skulpturen, die er in seinem Garten aufstellte. Manche erinnern an aztekische Gottheiten, andere haben reale Vorbilder, darunter Giuseppe Garibaldi und der Stauferkaiser Friedrich II.

Die Einheimischen, die den Künstler ›Filippo delli testi‹ nannten, zollten Bentivegna erst nach seinem Tod die ihm gebührende Anerkennung. Und auch viele Besucher des Castello Incantato wissen nicht, was ihnen mehr Ehrfurcht einflößt: Bentivegnas schier unermüdlicher Eifer oder die verzerrten Gesichtszüge seiner Kopfskulpturen.

▲ Agrigent: Concordia-Tempel, als Kirche für die Nachwelt gerettet

▼ Heraklestempel

▲ Gelegentlich schlagen auch Trödler ...

▲ Reste des Castor- und Pollux-Tempels

▼ Der Telamon im Archäologischen Museum

▼ ... ihre Stände auf der Via Atenea auf, Agrigents eleganter Einkaufs- und Flaniermeile

Pirandello in Caos

Caos ist ein Vorort von Agrigent. Noch genauer: Der Geburtsort von Luigi Pirandello (1934 als erster Sizilianer mit dem Literaturnobelpreis ausgezeichnet). Ein in seinem Geburtshaus eingerichtetes Museum bewahrt die Erinnerung an den großen Dichter, der sich in zahllosen Novellen der Welt der Bauern und Hirten gewidmet hat. Sein Markenzeichen ist ein melancholischer Unterton, gepaart mit fatalistischer Heiterkeit. Am liebsten saß Pirandello ein paar Schritte vom Haus entfernt, unter einer uralten, vom Wind gebeugten Pinie mit Meerblick, deren karge Äste heute seiner Urne Schatten spenden.

SPECIAL

Agrigent: Die ›schönste Stadt der Sterblichen‹

Vor allem das antike Agrigent ist ein wunderbares Beispiel dafür, wie es die Griechen verstanden hatten, ihre Bauwerke an den landschaftlichen Gegebenheiten auszurichten. Als ›schönste Stadt der Sterblichen‹ rühmte Pindar das griechische Akragas. Und auch 2500 Jahre später kann man dem Lob des Dichters zustimmen. Wie Perlen reihen sich die Tempel im Valle dei Templi – eigentlich ein langgezogener Bergrücken – aneinander. Besonders der Concordia-Tempel ist ein eindrucksvolles Zeugnis von der ungestörten Harmonie der Linienführung, der verklärten Geistigkeit der Komposition der Griechen. Als einziger Tempel des antiken Akragas hat er alle Zerstörungen überlebt, nicht zuletzt auch deshalb, weil er im 6. Jahrhundert zur christlichen Kirche geweiht worden ist. In gewisser Weise ist der Concordia-Tempel immer noch ein Heiligtum: Waren es früher einzig die Priester und Priesterinnen, die den Tempelbezirk betreten durften, so steht das Bauwerk heute nur Wissenschaftlern offen. Die Touristen müssen sich mit der Außenansicht begnügen. Das Prädikat ›besucherfreundlich‹ verdient hingegen der monumentale Tempel des Zeus. Zwar ist der als Siegesmonument errichtete Tempel nur noch als Trümmerfeld erhalten, dafür kann man zwischen den imposanten Fundamenten und auf der Kopie eines Telamon herumklettern.

Golfo di Palermo
PALERMO
PARTANNA-MONDELLO
MONREALE
BAGHERIA
Golfo di Términi Imerese
TÉRMINI IMERESE
Ísola di Ústica
Ústica
TERRASINI
CINISI
CARINI
PARTINICO
MISILMERI
CÁCCAMO
CERDA
PIANA DEGLI ALBANESI
SAN CIPIRELLO
CAMPOREALE
CORLEONE
MARINEO
CEFALÁ DIANA
MEZZOJUSO
VÍCARI
ROCCAPALUMBA
LERCARA FRIDDI
ÁLIA
PRIZZI
CONTESSA ENTELLINA
BISACQUINO
CHIUSA SCLAFANI
SANTA MARGHERITA DI BÉLICE
SAMBUCA DI SICILIA
MENFI
CALTABELLOTTA
SCIACCA
RIBERA
BÚRGIO
SANTO STÉFANO QUISQUINA
CASTRONUOVO DI SICÍLIA
CAMMARATA
S.GIOVANNI GÉMINI
CASTELTÉRMINI
ACQUAVIVA PLÁTANI
MUSSOMELI
SUTERA
CAMPOFRANCO
CATTÓLICA ERACLEA
ERACLEA MINOA
RAFFADALI
ARAGONA
RACALMUTO
FAVARA
AGRIGENTO
Valle dei Templi
SICULIANA
Porto Empédocle
Maßstab 1:350.000
0
5 km
72
30

Infos

Mondello 1

Palermos beliebter Bade- und Villenvorort mit zahlreichen Hotels, Restaurants, Eisdielen und Strandbädern.

Aktivitäten: Schwimmen, Surfen, Segeln und Beachvolleyball.

Umgebung: Schöne Aussicht vom **Monte Pellegrino** (606 m; 5 km südöstl.), der wegen der Grotte der hl. Rosalie auch ein beliebtes Pilgerziel ist (siehe Palermo).

Isola di Ustica 2

Das Taucherparadies Ústica erinnert von weitem an eine Schildkröte, die im tiefblauen Meer ruht. Wegen ihrer einzigartigen Unterwasserwelt wurde die Insel zum ersten Unterwasser-Naturschutzpark Italiens erklärt. Der Hauptort Ústica besitzt viele farbenprächtige Häuserfassaden, die das Ergebnis eines alljährlich stattfindenden Wandmalerei-Wettbewerbs sind.

Veranstaltung: Internationales Festival der Taucher (Juni/Juli).

Anreise: Schiffsverbindungen mit Palermo.

ⓘ AAPT, Piazza V. Longo, I-90010 Ústica, Tel. 0918449190.

Bagheria 3

Der vorstädtische Wohnsitz war in sizilianischen Adelskreisen seit dem 17. Jh. beliebt. Seit dem Zweiten Weltkrieg ist die Stadt allerdings vollkommen zersiedelt.

Sehenswert: Die **Villa Palagonia**, eine seltsame Schöpfung des sizilianischen Hochbarock (tgl. 9.00–12.30 u. 16.00–19.00 Uhr), und die **Villa Valguarnera** mit ihrer monumentalen zweiarmigen Freitreppe.

Umgebung: Die Ruinen des antiken **Solunto** liegen 4 km nördlich auf einem Hügel. **Términi Imerese** (28 km östl.) ist ein bekanntes Thermalbad, das schon von den Römern besucht wurde. **Cáccamo** (36 km südöstl.), ein typisches Bauernstädtchen, besitzt ein mächtiges Kastell und eine Handvoll barocker Paläste und Kirchen. An das antike **Imera** (40 km östl.) erinnern nur noch Ruinen.

Monreale 4

TOP ZIEL Das Städtchen (30000 Einw.) entwickelte sich im Mittelalter aus einem kleinen Dorf, das während des Kathedralbaus entstand, und ist seit 1183 Bistumssitz.

Sehenswert: Der **Normannendom**, der zu den bedeutendsten Bauwerken Siziliens gehört, ist ein massives Gebäude mit mächtigen Glockentürmen. Faszinierend ist die Apsis mit ihren verschlungenen Spitzbögen und den zur Verzierung eingesetzten Kalk- und Lavasteinen. Die Mosaiken im Inneren gelten als größter erhaltener Zyklus im byzantinischen Stil. Weiterer kunsthistorischer Höhepunkt: der Kreuzgang mit über 200 fantasievollen Säulenpaaren (tgl. 8.30–12.00, 15.00–18.00 Uhr).

Veranstaltungen: Fest des hl. Kreuzes (Mai); **int. Woche der Kirchenmusik** (Dez.).

Corleone 5

Von den Sikanern gegründet, spielte Corleone auch unter den Römern, Byzantinern, Arabern und Normannen eine wichtige Rolle. Erst im 17. Jh. verarmte die Bevölkerung, und Corleone verkam zum einfachen Landstädtchen. Im Internationalen Mafia-Dokumentationszentrum im ehemaligen Kloster San Ludovico werden Bücher, Filme und wissenschaftliche Arbeiten über das kriminelle Phänomen gesammelt (nicht öffentlich).

Umgebung: Der 4000 ha große **Bosco della Ficuzza** (10 km nordöstl.) geht auf Ferdinand III. von Bourbon zurück, der den Forst zu seinem persönlichen Jagdgebiet erklärte. Mit seiner reichen Flora und Fauna eignet er sich für ausgedehnte Wanderungen. Im 1488 von albanischen Einwanderern gegründeten Bauernstädtchen **Piana degli Albanesi** (22 km nördl.) sind die griechisch-orthodoxen Kirchen San Giorgio und Santa Maria dell'Odigitria sehenswert. **Prizzi** (20 km südöstl.) ist eine Gründung der Deutschordensritter und besitzt eine schmucke Altstadt. Ostersonntag ziehen hier beim ›Ballo dei Diavoli‹ Tod und Teufel durch die Gassen. Auf der Piazza des kleinen Städtchens **Palazzo Adriano** (28 km südöstl.) wurde der mit einem Oscar prämierte Film ›Cinema Paradiso‹ gedreht. **Monte Iato** (20 km nordwestl.) bei San Cipirello hat eine große Archäologische Zone.

Sciacca 6

Sciacca (sprich ›Schakka‹) lebt vor allem von seinem großen Fischereihafen. Zudem ist der Ort Siziliens bekanntestes Thermalzentrum.

Sehenswert: Der Ausblick von der **Piazza Scandaliato** über den Hafen und das Meer. Kunsthistorisch interessant: der **Palazzo Steripinto**, Piazza Carmine, ein im sizilianisch-katalanischen Stil errichteter Adelspalast (15. Jh.). Vom normannischen **Dom** blieben nur die Apsiden nach dem letzten großen Umbau (16. Jh.) unverändert erhalten (tgl. 8.00–12.00 u. 14.00–18.00 Uhr). Das **Castello Incantato** mit seinen 3000 Kopfskulpturen liegt vor den Toren der Stadt (Di.–Sa. 10.30–13.30 u. 16.00–20.00 Uhr).

Veranstaltung: Der **Carnevale di Sciacca** – einer der farbenprächtigsten (März/April).

Umgebung: Das antike **Eraclea Minoa** (30 km südöstl.) mit den Ruinen eines griechischen Theaters hat einen von Kreideklippen gerahmten Sandstrand. **Caltabellotta** (23 km nordöstl.), von einer Normannenburg bekrönt, ist eines der eindrucksvollsten Bergstädtchen der Insel.

ⓘ AACST, Via Vittorio Emanuele 84, I-92019 Sciacca, Tel. 0925 211 82, Fax 0925 841 21.

Agrigent/Agrigento 7

TOP ZIEL Die moderne Provinzhauptstadt (51000 Einw.) liegt auf einem lang gestreckten Hügel, nicht weit vom Meer. Akragas, im 6. Jh. v. Chr. von griechischen Kolonisten gegründet, eine der reichsten griechischen Städte Siziliens, wurde 408 v. Chr. von Karthagern geplündert und zerstört.

Sehenswert: Die Heiligtümer im **Tal der Tempel** zählen zu den bedeutendsten Zeugnissen antiker Kultur. Der Concordia-Tempel (5. Jh. v. Chr.) ist der am besten erhaltene dorische Tempel, die Ruine des Zeus-Tempels ist in ihren Ausmaßen noch immer beeindruckend. Hinzu kommen der Hera-Tempel, der Herakles-Tempel und ein Kastor und Pollux geweihtes Heiligtum.

In der Altstadt lohnen vor allem die **Kathedrale**, ein normannischer, im 16./17. Jh. veränderter Bau, **Santo Spirito** (13. Jh.) sowie die kleine, auf einem griechischen Tempel errichtete Kirche **Santa Maria dei Greci** eine Besichtigung.

Museum: Das **Museo Archeologico**, Contrada San Nicola, zeigt in einem modernen Bau neben dem Kloster San Nicola Funde, die bei verschiedenen Ausgrabungen im Tal der Tempel gemacht wurden (tgl. 9.00–13.30 Uhr, Di.–So. auch 14.00–18.30 Uhr).

Veranstaltungen: La Sagra del Mandorlo, Folklorefest zur Mandelblüte im Tal der Tempel (1. Febr.-Hälfte); **Feste di Persefone**, klassische Theaterstücke im Tal der Tempel (Juli/Aug.).

Umgebung: Im Vorort **San Leone** (8 km südl.) der lang gestreckte, sandige Hausstrand von Agrigent. Von **Porto Empédocle** (5 km südwestl.) mit seinem großen Hafen (Mineralöl, Fischerei) gibt es Fähren nach Lampedusa und Linosa. In **Caos** (3 km westl.) steht das Geburtshaus des Literaturnobelpreisträgers Luigi Pirandello. **Mussomeli** (49 km nordwestl.) besitzt mit seinem Castello Manfredonico (14. Jh.) die wohl eindrucksvollste mittelalterliche Burg auf Sizilien.

ⓘ AAPIT, Viale della Vittoria 255, I-92100 Agrigento, Tel. 0922 401352, Fax 0922 25185.

CERAMICHE
ITALIA FIORELLA
SANTO STEFANO DI CAMASTRA ME.
48
SALE

Der ›Nabel‹ von Sizilien

Seine Bilderbuchsilhouette verdankt Cefalù dem Normannendom und einem direkt dahinter aufragenden Felsklotz. Santo Stéfano di Camastra weiter östlich ist weitaus jünger und für seine Keramik bekannt. Auch im Sommer angenehme Temperaturen hat das Hinterland, die dicht bewaldeten Höhenzüge der Madonie und Nébrodi. Und Einsamkeit. Selbst in der Provinzhauptstadt Enna lassen sich die Touristen abends an einer Hand abzählen.

Santo Stéfano di Camastra an der Nordküste Siziliens ist ein Mekka für Keramik-Liebhaber.

▲ *Auf einem schmalen Landstreifen zwischen Meer und Felsen drängt sich die Altstadt von Cefalù*

▲ *Am Strand von Cefalù*

▲ *Kernpunkte in Cefalùs Altstadt: der Normannendom ...*

▼ *... und der Corso Ruggero*

▼ *Am Alten Hafen*

Bereits von weitem ist die Rocca von Cefalù auszumachen: Der markante, mächtige Felsmonolith leuchtet je nach Sonnenstand in den unterschiedlichsten Farbtönen – von zartem Violett bis zu sattem Goldgelb.

Stolz auf seinen Dom: Cefalù

Vielleicht wies der Koloss auch dem Kapitän jenes Schiffes den Weg ans rettende Ufer, mit dem Roger II. an der Nordküste Siziliens entlang segelte. Als das Schiff in Seenot geriet, soll der König das Gelübde abgelegt haben, dort, wo er das rettende Ufer erreicht, eine Kirche zu stiften. Roger II. hielt Wort: Im Juni 1131 wurde der Grundstein für eine imposante Kathedrale gelegt, die sogar als Grablege des normannischen Königshauses geplant war.

Wer zwischen dem Corso Ruggero und dem alten Fischerhafen durch die Gassen von Cefalù flaniert, gelangt wie von selbst an einen weiten, zur Kathedrale hin geöffneten Platz. Das stolze, von wuchtigen Türmen dominierte Gotteshaus ist der erste große Normannenbau auf Sizilien und daher noch stark von den romanischen Bauformen Nordeuropas beeinflusst. Die Verschmelzung mit dem arabischen Kulturkreis spiegelt sich in dem erst später vollendeten Kircheninneren wider. Die Mosaiken auf Goldgrund verleihen dem Chor eine geradezu orientalisch anmutende Pracht.

▼ Cefalùs Lavatoio Arabo: ein Waschhaus als Relikt arabischer Herrschaft

Moderne Kunst im Tusa-Tal

Als der kunstbesessene Antonio Presti das Bauunternehmen seines Vaters erbte, wurde er zum Mäzen und ermunterte bekannte Künstler, das Tal des Flüssleins Tusa in ein gigantisches Freilichtmuseum moderner Kunst zu verwandeln. Nach anfänglichen Protesten gegen die privat finanzierte Skulpturenlandschaft gilt das Projekt Fiumara d'Arte inzwischen als Werbeträger für die Region.

Damit nicht genug: In dem beschaulichen Hafenort Castel di Tusa errichtete der agile Presti mit dem Museo Albergo l'Atelier sul Mare das ungewöhnlichste Hotel Italiens. Nach und nach wird das Hotel in ein bewohnbares Kunstmuseum verwandelt, denn Presti lässt die Zimmer von zeitgenössischen Künstlern konzipieren.

▲ Kaktusfrüchte sind lecker und werden nicht nur von den Einheimischen geschätzt

▼ Landschaftskunst im Fiumara d'Arte

▲ Kunstvoll hat dieser Knoblauchhändler aus Nicosia seine Knollen drapiert

▼ Stausee Lago di Ancipa in den Monti Nébrodi

▲ Die Madonie sind eine nur spärlich besiedelte Bergregion

▼ Beim Aufziehen der Feigen

Derzeit gibt es vierzehn Kunstzimmer, die nach sehr eigenwilligen Vorstellungen gestaltet wurden. Es gibt Wände aus Lehm und gehäckseltem Stroh oder Räume, die mit dem dreieckigen Trinakría-Symbol spielen. Wer will, kann in einem mit alten Türen verkleideten Zimmer übernachten und sich von einer über sechs Monitore übertragenen Meeresatmosphäre in den Schlaf wiegen lassen.

Einsamer Naturpark Madonie

Nur ein paar Kilometer von der viel befahrenen Küste entfernt, zeigt sich Sizilien von einer ganz anderen Seite. Die Madonie, deren Ausläufer fast die Ufer erreichen, bilden zusammen mit den Nébrodi einen lang gestreckten Gebirgszug, der parallel zum Tyrrhenischen Meer verläuft und oft unvermittelt in die schmalen, milden Küstenregionen hinabstürzt.

Das Kalkmassiv ist eine spärlich besiedelte, bäuerliche Region mit alpinem Charakter, die am Pizzo Carbonara und Monte Soro bis auf knapp 2000 Meter ansteigt. Von den höheren Lagen reicht der Blick über das Meer bis zu den Äolischen Inseln. Dazwischen liegen verkarstete Hochflächen, in denen zahlreiche Dolinen ausgewaschen wurden.

Da die Höhenlagen der Madonie – sie wurden im Jahr 1989 zum Naturpark erklärt – nur schwer zugänglich sind, blieben die Gebirgszüge vor größeren Rodungen verschont. Die Vegetation ist geradezu üppig: Steineichen, Ulmen, Buchen, Zedern sowie riesige Stechpalmen wachsen am Wegesrand, und in recht spartanischen Schutzhütten findet der Wanderer ein Quartier für die Nacht.

Agriturismo als Zubrot

Die Bevölkerung lebt in kleinstadtgroßen Dörfern; Einzelgehöfte oder kleine Weiler gibt es so gut wie nicht. Die meisten Städte wurden im Mittelalter gegründet, als die Küstenbewohner vor den sarazenischen Piraten ins Hinterland flohen. Später kamen noch Siedler aus der Lombardei und dem Piemont hinzu.

Heute verläuft die Bevölkerungswanderung in umgekehrte Richtung: Vor allem die jungen Erwachsenen verlassen ihre Heimatdörfer in der Hoffnung, in Norditalien

▲ Mächtig: Sperlingas Kastell

▼ Verspielt: Der Barockbrunnen in Leonforte, an dem einst Esel getränkt wurden

▲ Sperlinga: Wohnhöhlen im Tuffstein

▲ Bei der Umgestaltung im 16. Jahrhundert erhielt der Dom in Enna seine kunstvolle Kassettendecke

▲ Ennas Piazza Francesco Crispi ...

▼ ... mit Blick auf das benachbarte Calascibetta

Arbeit und ein besseres Leben zu finden. Touristen verirren sich nur selten ins Hinterland, so dass sich nur wenige Bauernhöfe mit dem Agriturismo ein zweites Standbein geschaffen haben und beispielsweise anbieten, die Umgebung per Pferd zu erkunden.

SPECIAL

Die Burg im Felsen

Das kleine Dorf Sperlinga liegt zu Füßen einer mächtigen Festung, die sich auf dem Rücken eines steilen Berggrats erstreckt. Auf den ersten Blick unterscheiden sich die zinnenbekrönten Mauern nicht von den anderen Burgen Italiens, doch das Bild trügt: Sperlingas Burg befindet sich zum größten Teil unter der Erde. Der gesamte Fels birgt ein imposantes Netz unterirdischer Räume, die schon von den sizilianischen Ureinwohnern, den Sikanern, in den grauen Tuffstein gegraben worden waren. Als dann die Normannen hier eine Burg errichteten, nutzten sie das weit verzweigte Höhlensystem für Werkstätten und Lebensmittellager, die es erlaubten, auch längerer feindlicher Belagerung zu trotzen.

Enna, der ›Nabel Siziliens‹

Wer Sizilien beherrschen wollte, musste Enna erobern. Aufgrund ihrer zentralen Lage wurde die Stadt schon im Altertum als ›Nabel Siziliens‹ bezeichnet. Das strategisch bedeutsame Enna erstreckt sich auf einem knapp 1000 Meter hohen, uneinnehmbaren Felsplateau. Die Araber konnten Enna erst durch Verrat nehmen, nachdem sie die Stadt mehrere Jahre erfolglos belagert hatten.

Verschlossen wirkt die Provinzhauptstadt auf den Besucher auch noch heute. Nur die Flaniermeile Via Roma wird allabendlich von mediterraner Lebensfreude erfüllt. Tagsüber herrscht dagegen eher geschäftiger Gleichmut auf Ennas Hauptstraße, die sich durch die gesamte Altstadt bis zum Castello di Lombardia zieht. Vom dahinter liegenden Demeterheiligtum eröffnet sich ein beeindruckender Panoramablick über die Weizenfelder in der Umgebung. An klaren Tagen sieht man die Sonne über dem Ätna aufgehen.

Maßstab 1:350.000
0
5 km
Golfo di Términi Imerese
TÉRMINI IMERESE
CAMPOFELICE DI ROCCELLA
CEFALÙ
SANT'ÁGATA MILITELLO
S. STÉFANO DI CAMASTRA
TORTORICI
MISTRETTA
CASTELBUONO
COLLESANO
PETRALIA SOTTANA
PETRALIA SOPRANA
CALTAVUTURO
MONTEMAGGIORE BELSITO
NICOSIA
TROINA
BRONTE
ADRANO
REGALBUTO
CENTÙRIPE
AGIRA
CALASCIBETTA
ENNA
S.CATERINA VILLARMOSA
RESUTTANO
ALIMENA
MUSSOMELI
CESARÒ
GANGI
SPERLINGA
LEONFORTE
ASSORO
NISSORIA
GAGLIANO CASTELFERRATO
CAPIZZI
CARONIA
TUSA
POLLINA
Madonie
Parco delle Madonie
Nebrodi
Parco dei Nebrodi
1
2
3
4
86
98
52
73
64
87

Cefalù ①

Das touristische Zentrum (13500 Einw.) an der Nordküste konnte sich trotz seiner Beliebtheit den Charakter eines Fischerortes bewahren. Dank seines schönen Sandstrandes lohnt Cefalù, wo bereits die Sikuler siedelten, auch einen längeren Aufenthalt.

Sehenswert: Vor allem der **Dom** (12. Jh.), der zu den bedeutendsten normannischen Baudenkmälern gehört. Es handelt sich um eine dreischiffige Säulenbasilika mit hoch aufragendem Querhaus und Chor. Die Fassade wird von zwei leicht vorstehenden Glockentürmen flankiert, deren Schwere jeweils vier übereinander stehende Fensteröffnungen auflockern. In der Mitte ein dreibogiger Portikus, über dem Blendarkaden und eine Scheingalerie angeordnet sind. Der Chor ist mit wertvollen byzantinischen Mosaiken verziert. In Zentrum der Hauptapsis thront Christus Pantokrator, unter ihm die Mutter Gottes mit den vier Erzengeln und darunter wiederum die Zwölf Apostel. Zu den wenigen arabischen Hinterlassenschaften in Cefalù gehört das Lavatoio Arabo, ein von einer Quelle gespeistes Waschhaus. Fast Pflichtprogramm ist eine Kurzwanderung zur Burgruine auf der Rocca di Cefalù.

Museum: Das **Museo Mandralisca**, Via Mandralisca 13, vereint archäologische Fundstücke, Münzen und Gemälde, darunter das berühmte Porträt eines Unbekannten von Antonello di Messina (tgl. 9.30–19.00 Uhr).

Aktivitäten: Schwimmen, Segeln, Tennis, Wandern.

Veranstaltung: Karfreitagsprozession.

Umgebung: Ob das kleine Bergdorf **Póllina** (22 km östl.) identisch mit dem antiken Apollina ist, gilt als umstritten. Dennoch ist es ein lohnendes Ausflugsziel: Neben den Ruinen einer Burg lockt ein modernes Amphitheater, das einen herrlichen Blick über die Madonie eröffnet. Das größere **Castelbuono** (24 km südöstl.) ist beliebter Ausgangspunkt für Wanderungen durch die Madonie. Der Ort selbst wird von einem mächtigen Kastell (14. Jh.) und einer Kirche (14./15. Jh.) dominiert.

ⓘ AACST, Corso Ruggero 77, I-90015 Cefalù, Tel. 0921421050, Fax 0921422386.

Santo Stéfano di Camastra ②

Der Ort ist für seine Keramikbetriebe bekannt. Beiderseits der Ortsdurchfahrt reiht sich ein Geschäft an das andere. Gegründet wurde Santo Stéfano di Camastra 1683 von Giuseppe Lanza, dem Herzog von Camastra, nachdem ein Erdrutsch das mittelalterliche Santo Stéfano di Mistretta zerstört hatte.

Aktivitäten: Töpferkurse.

Umgebung: Tusa (16 km westl.) hat sich sein mittelalterliches Stadtbild weitgehend bewahren können. Es gehört zu den touristisch kaum berührten Orten an der Nordküste. Das nahe gelegene Hafenstädtchen **Castel di Tusa** hat sich durch das riesige Freilichtmuseum Fiumara d'Arte einen Namen gemacht. Bei Tusa liegen die Ruinen des antiken **Halaesa** (14 km westl.). Die 403 v. Chr. von dem Tyrannen Archonides gegründete Stadt war im Ersten Punischen Krieg der erste sizilianische Verbündete der Römer und wurde entsprechend mit Privilegien ausgestattet. Knapp 1000 m hoch in den Monti Nébrodi ist **Mistretta** (12 km südl.) mit seiner Burgruine ein guter Ausgangsort zur Erkundung des Gebirges.

Nicosia ③

Kleines Hügelstädtchen auf 724 m Höhe mit den Überresten eines alten Normannenschlosses. Nicosia geht auf eine sikulisch-griechische Gründung zurück. Auf halbem Wege an der wichtigsten Handelsstraße durch das Landesinnere gelegen, entwickelte es sich in normannischer Zeit zu einem bedeutenden Handelsort. Die Bevölkerung setzte sich damals größtenteils aus lombardischen Siedlern zusammen; ihr Einfluss auf Dialekt und Brauchtum ist noch nachzuweisen.

Sehenswert: Die Kathedrale **San Nicola**, im 14. Jh. anstelle eines normannischen Vorgängerbaus errichtete Bischofskirche, ist mit ihrem Spitzbogenportal die schönste unter Nicosias zahlreichen Kirchen.

Aktivitäten: Wandern, Reiten, Skifahren (Dezember bis April).

Umgebung: Sperlinga (8 km westl.) gilt als eine der imposantesten Höhlenstädte auf ganz Sizilien. Vergleichsweise unspektakulär, und daher exemplarisch für ein Landstädtchen im Inselinneren, ist **Troina** (35 km östl.). An ihrem höchsten Punkt steht die Chiesa Madre, eine noch von den Normannen gegründete Kirche mit klassizistischer Fassade und sehenswertem Domschatz.

Enna ④

Enna (30000 Einw.) ist die höchstgelegene Provinzhauptstadt Italiens (950 m). Auf einem Bergkegel thronend, wird sie aufgrund des Panoramablicks als ›Belvedere‹ Siziliens gerühmt. Der strategisch günstige Monte Giuliano wurde bereits in prähistorischer Zeit besiedelt. Später wurde die Stadt hellenisiert, dann nacheinander von Karthago und Rom beherrscht. In Enna brach 139 v. Chr. eine von dem Sklaven Eunus angeführte Revolte aus, die als erster Sklavenaufstand im Römischen Reich in die Geschichtsbücher einging. Nach der byzantinischen und arabischen Epoche erlebte Enna dann schließlich unter den Normannen eine nochmalige Blüte.

Sehenswert: Das wuchtige **Castello di Lombardia**, das wiederholt von den Normannen, später von den Staufern und Aragonesen umgebaut wurde, ist nur unvollständig erhalten. Dennoch bietet die gigantische Festungsanlage immer noch einen guten Eindruck. Hinter der Burg erhebt sich die **Rocca di Cerere**, ein einst der Göttin Demeter geweihtes Heiligtum. Der **Dom** (14. Jh.) mit seiner eintürmigen Fassade aus gelblichem Tuffstein wurde im Barockzeitalter dem Zeitgeist angepasst. Im Inneren beeindruckt die hölzerne Kassettendecke (16. Jh.).

Etwas außerhalb der Altstadt steht inmitten eines Parks der **Torre di Frederico** (13. Jh.), ein auf einem achteckigen Grundriss errichteter 26 m hoher Turm, der im Jahr 2001 renoviert wurde.

Museen: Der Domschatz wird im **Museo Alessi**, Piazza Mazzini, zusammen mit byzantinischen Ikonen und einer wertvollen Münzsammlung gezeigt (tgl. 9.00–13.00 u. 16.00–19.00 Uhr). Das **Museo Archeologico**, ebenfalls an der Piazza Mazzini gelegen, präsentiert archäologische Fundstücke aus der Region in einem ansprechenden Rahmen (tgl. 9.00–13.00 u. 15.30–19.00 Uhr).

Veranstaltungen: Karfreitagsprozession; Fest der Schutzpatronin von Enna, **Maria Santissima della Visitazione** (2. Juli); **Freilichtaufführungen** im Innenhof des Castello di Lombardia (Juli).

Umgebung: Der **Lago di Pergusa** (5 km südl.) ist der Ort, an dem einer griechischen Sage zufolge Persephone von dem verliebten Pluto entführt wurde, als sie mit ihren Gefährtinnen spazieren ging. Heute ist der Lago di Pergusa von einem Idyll weit entfernt: Von einer Autorennbahn umgeben, gibt der unter Wassermangel leidende See ein trauriges Bild ab. Auf einem lang gestreckten Hügel liegt **Calascibetta** (9 km nördl.), das neben einem von den Arabern errichteten Kastell entstand. Von der Festung, die die Normannen erweiterten, ist nur noch ein als Kirchturm dienender Campanile erhalten. **Leonforte** (20 km nordöstl.) ist ein sehenswertes Barockstädtchen, das 1607 von Nicolò Placido Branciforte gegründet wurde. Neben einem stattlichen Adelspalast und der Johannes dem Täufer geweihten barocken Kirche San Giovanni Battista verdient ein Granforte genannter Brunnen mit 24 Röhren aus derselben Zeit größere Aufmerksamkeit.

ⓘ AAPIT, Via Roma 411, I-94100 Enna, Tel. 0935528288, Fax 0935528229.

Arm und reich zugleich

Zugegeben: Die Südküste rund um Gela ist reichlich unattraktiv. Dafür entschädigt das Hinterland mit sehenswerten Städten und Orten: die Villa Romana del Casale, die mit ihren herrlichen Mosaiken im Jahr 1997 von der UNESCO zum Weltkulturerbe erklärt wurde, die intakte, unverbaute Altstadt von Piazza Armerina und die Keramikstadt Caltagirone. Eindrucksvoller Adelssitz ist Donnafugata. Von bitterer Armut zeugen die Methoden des einstigen Schwefelabbaus und die große Zahl der Arbeitsemigranten.

Beim alljährlichen Palio dei Normanni in Piazza Armerina spielt der ganze Ort mit.

▼ Keramikwerkstatt in Caltagirone

▲ Die spätantike Villa Romana del Casale mit dem verspielten Atrium ...

▼ ... verdankt ihren Ruhm den Mosaiken, wie dieser Eberjagd

▲ Scala von Caltagirone: 142 Stufen zur Kirche Santa Maria del Monte sind mit Keramiken gefliest

▲ Der barocke Duomo von Caltanissetta ▼ Alltag im barocken Planstädtchen Grammichele

Eine der größten Sehenswürdigkeiten Siziliens war Jahrhunderte lang unter dickem Schlamm verborgen. Nur durch Zufall stießen Archäologen im Jahr 1929 in einem kleinen Tal, unweit von Piazza Armerina, auf die Grundmauern einer römischen Villa.

Das ›Bikinimädchen‹-Mosaik

Erst im Zuge der weiteren Ausgrabungen wurde die Sensation perfekt: Die Villa Romana del Casale entpuppte sich als eines der größten und besterhaltenen Landgüter der Spätantike. Die luxuriöse Ausstattung mit über 50 Zimmern, Säulenhallen, Innenhöfen, Thermen und einem Gästeflügel lässt vermuten, dass die Villa einen Besitzer von hohem Rang hatte. Vielleicht Maximianus Herculius, ein Imperator und Mitkaiser von Diokletian, oder Aradius Valerius Proculus Popolonius. Erwiesen ist dies allerdings nicht.

Berühmt ist die Villa Casale vor allem für ihre Bodenmosaiken. Auf einer Fläche von rund 3500 Quadratmetern ist ein wahrer Bilderteppich mit Jagd-, Zirkus- und Badeszenen ausgebreitet. Mit größter Wahrscheinlichkeit waren die Mosaiken Arbeiten von Künstlern aus Nordafrika, ihr Stil entspricht jedoch vollkommen dem der römischen Kaiserzeit. Das berühmteste Mosaik zeigt zehn ›Bikinimädchen‹, die gymnastischen Übungen nachgehen.

Keramikzentrum Caltagirone

Caltagirone, dessen Berge einen guten Töpferton liefern, ist seit jeher das bedeutendste Keramikzentrum Siziliens. Überall in dieser anmutigen Hügelstadt stößt man auf schöne, farbenfrohe Majolikafliesen. Selbst Brücken, Hauswände, Kirchen und Portale sind mit glasierter Majolika und Terrakotta verziert, wobei üppige Farbtöne wie leuchtendes Gelb, Grün und sattes Blau vorherrschen.

Am berühmtesten ist aber die Scala, die von der Piazza Municipio zur Kirche Santa Maria del Monte führt. Alle 142 Stufen der Monumentaltreppe sind mit verschiedenen Keramiken verziert. Wer sucht, findet in den rund 100 ortsansässigen Geschäften kunstvoll geformte Unikate, obwohl das Angebot unleugbar zur Massenware im Folklorestil tendiert.

▲ *Palio dei Normanni in Piazza Armerina: Aufmarsch der Ritter auf dem Domplatz ...*

▼ *... vor den Augen der Schönen, die um ihre Helden ›zittern‹*

▲ *Beim Palio dei Normanni beweisen die Sizilianer ...*

▼ *... reiterliches Geschick*

▲ Die Altstadt von Piazza Armerina bekrönt der Dom … ▼ … vor dem der Palio beginnt

Palio dei Normanni

Der überraschende Sieg der Normannen im 11. Jahrhundert gegen die zahlenmäßig deutlich überlegenen Araber, die seit Jahrhunderten auf der Insel heimisch waren, wird noch heute in ganz Sizilien mit vielen Legenden ausgeschmückt. Ein Spektakel besonderer Art ist der Palio dei Normanni, der alljährlich Mitte August in Piazza Armerina stattfindet. An den farbenprächtigen Reiterspielen beteiligen sich alle seine Bewohner.

Angeführt vom Grafen Ruggero, dem späteren König Roger I., ziehen mehr als 400 als Normannen verkleidete Darsteller durch den Ort. Der Höhepunkt des Festes ist der Kampf gegen einen riesigen schwarzen Pappsarazenen, den die Reiter in vollem Galopp mit ihrer Lanze angreifen. Jeder Treffer wird mit einem freudigen Gejohle kommentiert.

Rigoroser Schwefelabbau

Bereits den Arabern waren Siziliens reiche Schwefelvorkommen bekannt, weshalb sie Racalmuto als Schwefelweiler (Rahl almudd) bezeichneten. Doch erst durch die im Zeitalter der Industrialisierung sprunghaft angestiegene Nachfrage begann im 19. Jahrhundert der systematische Abbau der Schwefellager; zeitweise wurden fast 90 Prozent des Weltschwefelbedarfs in Sizilien gefördert.

Da ausgewachsene Männer in den niedrigen Stollen nicht aufrecht gehen konnten, ließen die Grubenbesitzer den geförderten Schwefel von Kindern in Tragkörben aus dem Berg holen. Die Temperaturen in den Stollen waren kaum zu ertragen, so dass die fünf- bis zwölfjährigen *Carusi*, so nannte man die Schwefelschlepper, ihre Arbeit mehr oder weniger nackt verrichteten.

Als in Amerika und Asien Schwefel zu deutlich günstigeren Preisen abgebaut werden konnte, versuchten die Schwefelbarone mit noch rücksichtsloserer Ausbeutung gegen die Konkurrenz bestehen zu können. Erst in den fünfziger Jahren des 20. Jahrhunderts kam die Schwefelförderung endgültig zum Erliegen. Doch da hatte der erstickende Gestank des verbrannten Schwefels die Region längst in eine gelbe Wüstenei baumloser Hügel verwandelt. Und noch heute verunzieren verlassene

▲ *Vittória: Piazza del Popolo, der quirlige Hauptplatz, mit dem neoklassizistischen Theater*

▲ *Palma di Montechiaro: Verkehrschaos* ▼ *Chiesa Madre*

▲ Das Schloss von Donnafugata ... ▼ ... samt Irrgarten im Park

▼ Vom Dom in dem Barockstädtchen Naro stehen nur noch Ruinen

Abraumhalden und verrostete Schmelzöfen die Landschaft.

Noble Größe: Donnafugata

Mitten in dem hügeligen Landstrich südlich von Vittória, der durch kleine Täler und kunstvoll aufgeschichtete Steinmauern zwischen den einzelnen Feldern geprägt wird, liegt Donnafugata, einer der größten sizilianischen Adelspaläste. Der Name birgt Assoziationen zu Giuseppe Tomasi di Lampedusas Roman ›Der Leopard‹. Doch der fiktive Wohnsitz des Fürsten von Salina hat bis auf den Namen mit dem Castello di Donnafugata nichts gemein.

SPECIAL

Sizilianische Schwaben

Sizilien ist ein armes Land. Lange Zeit sahen viele Sizilianer die Auswanderung als einzige Möglichkeit, Arbeit und Lohn zu finden. Emigration galt nicht als Lebensform, sondern als Schicksal. Während sich die Ströme der Arbeitsemigranten im 19. Jahrhundert nach Amerika wandten, suchten die Sizilianer in den 1960er-Jahren ihr Glück in den Industrieländern Mitteleuropas. Geplant war ein Aufenthalt für einige Jahre, doch viele blieben für immer. Manche Dörfer wie Mirabella Imbáccari im Landesinnern nördlich von Caltagirone wurden regelrecht entvölkert. Kehrten die Sizilianer im Alter mit ihren Ersparnissen zurück, versuchten sie oft eine Verbindung zwischen den beiden Kulturkreisen zu schlagen. Das Ergebnis steht am Straßenrand: Häuser im schönsten schwäbischen Stil oder Bauten, die nicht verleugnen können, dass ein Schweizer Châlet als Vorbild diente.

Es war Corrado Arezzo e de Spuches, seines Zeichens Baron von Donnafugata, der ein altes Schloss der Chiaramonte durch einen Neubau im romantischen Stil des 19. Jahrhunderts ersetzen ließ. Insgesamt zählt der Palast 122 Zimmer, wobei vor allem die Flucht des Piano Nobile fasziniert, da sie größtenteils noch mit Originalmöbeln ausgestattet ist. Lohnend ist auch ein Spaziergang durch den Park mit so netten Details wie einem kleinen klassizistischen Tempel, einem zierlichen Kaffeehaus oder einem Irrgarten.

MEDITERRÁNEO
Golfo di Gela
GELA
LICATA
AGRIGENTO
Valle dei Templi
CALTANISSETTA
CALTAGIRONE
PIAZZA ARMERINA
Villa Romana del Casale
VITTÓRIA
COMISO
CHIARMONTE
ACATE
NISCEMI
BUTERA
Riesi
Mazzarino
Barrafranca
Pietraperzia
SAN CATALDO
Serradifalco
CANICATTÌ
Délia
Sommatino
Ravanusa
Campobello di Licata
NARO
CAMASTRA
FAVARA
PALMA DI MONTECHIARO
RACALMUTO
Grotte
Aragona
MIRABELLA IMBACCARI
MINEO
Grammichele
San Michele di Ganzaria
San Cono
AIDONE
Raddusa
RAMACCA
Mazzarrone
Scoglitti
S. CROCE CAMERINA
Malta
52
62
98
Maßstab 1:350.000
0
5 km

Infos

Caltanissetta 1

Die verschlafen wirkende Provinzhauptstadt (61000 Einw.) liegt auf einem Hügel und erstreckt sich über die Hänge des Monte San Giuliano bis in das obere Tal des Flusses Salso hinein. Ihre genauen Ursprünge liegen im Dunkeln. Der Name leitet sich vom arabischen Kalat-Nissa ab, das so viel wie ›Fels der Frauen‹ bedeutet. Lange Zeit lebte die Stadt vom Abbau der örtlichen Schwefelvorkommen, heute lebt sie hauptsächlich von der Landwirtschaft.

Sehenswert: Die großzügige **Piazza Garibaldi** mit dem Neptunbrunnen und der Kathedrale Santa Maria la Nuova (16./17. Jh.), innen mit Fresken von Wilhelm Borremans verziert.

Museum: Das **Museo Civico**, Via Colojanni, präsentiert archäologische Funde aus der Region (Mo.–Sa. 9.00–13.00 u. 15.30–19.00 Uhr).

Markt und Veranstaltungen: Der **Markt** (Mo.–Fr.) auf dem Corso Umberto I. und Corso Vittorio Emanuele gilt als einer der buntesten Siziliens. **Gründonnerstagsprozession** mit überlebensgroßen Skulpturen; **Fiera Centrosicula**, Handwerksmesse mit Viehmarkt (Mai); **Fest des Erzengels Michael** (Sept.); **Folklorefestival** (Sept.).

Umgebung: In **Racalmuto** (44 km südwestl.), dem Geburtsort des Schriftstellers Leonardo Sciascia, wurde bis in die 1950er-Jahre Schwefel abgebaut. Das seit dem Mittelalter von einer Stadtmauer und einem Kastell der Familie Chiaramonte geschützte **Naro** (50 km südwestl.) hat ein reizendes Stadtbild mit barocken Klöstern und Kirchen. Im Sommer gibt es hier ein Freilichttheater in sizilianischer Mundart, wobei die Zuschauer auf einer lang gestreckten Treppe Platz nehmen.

ⓘ AAPIT, Viale Conte Testasecca 20,
I-93100 Caltanissetta, Tel. 0934 21089,
www.aapit.cl.it.

Piazza Armerina 2

Terrassenförmig ziehen sich die Gassen des Städtchens (20000 Einw.) einen Bergkegel empor. Die intakte, unverbaute Altstadt mit ihren vielen altehrwürdigen Palästen und Kirchen machen es zu einem lohnenden Zwischenstopp. Gegründet wurde Piazza Armerina 1080 von Roger I., der hier Lombarden ansiedelte, mit deren Hilfe er die Kontrolle über die umliegenden sarazenischen Dörfer erhielt. Ihre kulturelle und wirtschaftliche Blüte erlebte die Stadt im 16. und 17. Jh., als die spanischen Vizekönige in Sizilien regierten.

Sehenswert: Der barocke **Dom** samt gotischem Campanile und klassizistischer Kuppel auf dem höchsten Punkt der Stadt.

Veranstaltung: **Palio dei Normanni** (13. u. 14. Aug.).

Umgebung: Hauptattraktion in der näheren Umgebung ist die **Villa Romana del Casale** (3./4. Jh., 3 km südwestl.) Aufgrund ihrer einzigartigen römischen Bodenmosaiken, die Zeugnis vom luxuriösen Lebensstil der reichen Römer ablegen, wurde die spätantike Villa von der UNESCO in die Liste des Weltkulturerbes aufgenommen. Einst war das gesamte Raumlabyrinth mitsamt Verbindungswegen mit dem kostbaren ›Bodenbelag‹ verziert; erhalten blieben Mosaiken mit einer Gesamtfläche von 3500 qm (tgl. 9.00–13.00 u. 15.00–18.30 Uhr).
Aidone (11 km nordöstl.) ist ein verschlafenes Landstädtchen mit einem Archäologischen Museum (tgl. 9.00–19.00 Uhr), das zumeist nur auf dem Weg nach **Morgantina** (17 km nordöstl.) aufgesucht wird. Die Ruinen von Morgantina, einer griechisch-sikulischen Stadt, die 211 v. Chr. von den Römern zerstört wurde, liegen in einer reizvollen Landschaft. Zu sehen sind die Überreste von Stadtmauern und privaten Wohnhäusern mit Mosaiken und Säuleneingängen.

ⓘ AACST, Via Camillo Cavour 15,
I-94015 Piazza Armerina, Tel. 0935 68 02 01,
Fax 0935 68 45 65, www.piazzaarmerina.it

Caltagirone 3

Die ›Königin der Berge‹ ist eines der bedeutendsten Zentren im Inneren der Insel und zugleich Siziliens Keramikhauptstadt. Geschichte: Bereits in der Steinzeit war die umliegende Region besiedelt; die Araber nannten den Ort im 9. Jh. Qalat-al-Ghiran (›Burg über den Höhlen‹). Wie fast alle Städte im Südosten wurde Caltagirone durch das Erdbeben von 1693 stark in Mitleidenschaft gezogen.

Sehenswert: Das gesamte **Zentrum** mit den omnipräsenten Keramiken, deren Produkte überall zum Verkauf angeboten werden, den vielen barocken Palästen und Kirchen, vor allem der Scala Santa Maria del Monte mit ihren 142 gefliesten Keramikstufen.

Museen: Das **Museo della Ceramica** im Stadtpark, Via Roma, präsentiert regionale Keramikkunst von der Vorgeschichte bis ins 19. Jh., wobei Werke aus Caltagirone besonders berücksichtigt wurden (tgl. 9.00–18.30 Uhr). Das **Museo Civico** im alten bourbonischen Gefängnis, Via Roma, widmet sich vor allem der Stadtgeschichte (Di.–So. 9.30–13.00, Fr. u. Sa. 16.00–19.00 Uhr).

Veranstaltungen: Feierlichkeiten der **Karwoche**; **La Luminaria**, künstlerisch angeordnete Kerzen auf der Majolikatreppe von Santa Maria del Monte (24./25. Juli).

Umgebung: **Grammichele** (10 km östl.) ist das Musterbeispiel einer barocken Planstadt. Auf dem Weg nach Gela passiert man das Bergdorf **Niscemi** (21 km südwestl.) mit den Ruinen des antiken Nisenum in der Nähe.

ⓘ AACST, Via Volta Libertini 3,
I-95041 Caltagirone, Tel. 0933 5 38 09,
Fax 0933 5 46 10.

Gela 4

Die Hafen- und Industriestadt (78000 Einw.) erlebte vor Jahrzehnten durch Ölförderung und Petrochemie einen wirtschaftlichen Aufschwung. Schon die dorische Kolonie wuchs schnell zu einer bedeutenden griechischen Stadt heran. Unter demTyrannen Gelon I. wurde das benachbarte Syrakus erobert. Nach der Zerstörung durch die Karthager wurde Gela bald aufgegeben. Friedrich II. gründete 1230 an der Stelle der antiken Stadt den Ort Terranova.

Sehenswert: Die gewaltigen griechischen Befestigungsanlagen am **Capo Soprano** sowie der **Parco Archeologico** mit den Grundmauern des antiken Gela (tgl. 9.00–13.00 Uhr u. 15.00–18.00 Uhr). Vom Demeter-Tempel steht nur noch eine Säule.

Museum: Im **Museo Archeologico**, Corso Vittorio Emanuele 3, werden die reichen Ausgrabungsfunde von Gela ansprechend präsentiert (Di.–So. 9.00–13.00 u. 15.00–18.00 Uhr).

Veranstaltung: **Kreuzigungsvorstellung** (Karfreitag).

Umgebung: Das Bergdorf **Butera** (18 km nordwestl.) geht auf eine arabische Gründung zurück. Ein Kastell ist das Wahrzeichen von **Falconara** (20 km westl.). Die Kleinstadt **Licata** (30 km westl.) mit der Burg Sant'Angelo verfügt über einen geschäftigen Handelshafen. In **Palma di Montechiaro** (50 km westl.) war die Familie Lampedusas ansässig.

ⓘ AACST, Via G. Navarra Bresnes 48,
I-93012 Gela, Tel. 0933 91 37 88,
Fax 0933 92 32 68.

Vittória 5

Vittória ist eine barocke Stadtgründung auf schachbrettartigem Grundriss, vom spanischen Vizekönig Marcantonio Colonna nach seiner Tochter benannt.

Sehenswert: Zentrale **Piazza del Popolo** mit neoklassizistischem Theater und Barockkirche S. Maria delle Grazie.

Umgebung: In der Nähe von Scoglitti liegen die Ruinen der von den Römern zerstörten Stadt **Camarina** (15 km südwestl.). Der Landsitz **Donnafugata** (15 km südöstl.) gehört zu den wenigen Adelspalästen, die im ländlichen Sizilien besichtigt werden können.

Im Bann des Feuerbergs

Der Ätna ist nicht nur Europas größter, sondern auch aktivster Vulkan. Ein mystischer Berg, dessen Silhouette die Ostküste der Insel dominiert. Zwar sind die Eruptionen des Feuerbergs eine ständige Gefahr, doch gleichzeitig ist der fruchtbare Vulkanboden ein irdisches Paradies mit Mandelbäumen und leuchtenden Orangenplantagen. Im Bannkreis des Ätna liegen die quirlige Großstadt Catánia und die Touristenmetropole Taormina, klassischer Höhepunkt jeder Sizilienreise.

Kraterwanderungen am Ätna sind gefährlich und sollten nur mit einem kundigen Führer unternommen werden.

▲ Randazzo: schwarze Lavakirche Santa Maria ...

▼ ... und enge Gassen

▼ Gute Tropfen: auf Lavafeldern gereift, in Weinkellern veredelt

▲ Randazzo: Stumme Zeugen des Ätna-Ausbruchs 1981

▲ *Kraterwanderungen am Ätna …* ▼ *… gehören zu den eindrucksvollsten Erlebnissen*

Wissenschaftler nehmen an, dass der 3263 Meter hohe Ätna rund 700 000 Jahre alt ist. Geologisch gesehen, ist er damit ein recht junger Berg, ein Schichtvulkan, der in buntem Wechsel aus erstarrten Lavaströmen sowie ausgeworfenen Aschen und Schlacken aufgebaut ist.

Feuer speiender Riese

Wahrscheinlich existieren in einigen Kilometern Tiefe mehrere Magmakammern mit feuerflüssigem Material, die unter Druck stehen. In ungleichmäßigen Abständen bringt der steigende Druck den Vulkan zum Ausbruch. Nur selten öffnet sich der Hauptkrater, zumeist fließt die 1000 Grad heiße Lava aus den mehr als 250 kleineren Nebenkratern und Spalten. Das ist auch die große Gefahr, die vom Ätna ausgeht: Es gibt keine Gewähr, dass sich nicht eines Tages dort, wo man gerade steht, der Boden öffnet, kochende Lava ausströmt und die umliegenden Dörfer, Gärten und Obsthaine überrollt, bis die Kraft der Eruption erschöpft ist und ein neuer Vulkankegel die Landschaft ziert. Bei den letzten großen Ausbrüchen in den Jahren 2001 und 2002 wurden auch Teile der Liftanlagen zerstört; die Kleinstadt Nicolosi kam damals gerade noch mit dem Schrecken davon.

Ein blühender Garten Eden

Der Ätna ist aber auch ein Segen für das Land. Die Lavaasche bildet die Grundlage für einen an Kalium und Phosphor reichen Boden, der eine geradezu paradiesische Pflanzenwelt hervorgebracht hat mit weinrotem Schafsklee, Klatschmohn, Orchideen, Gelber Ragwurz, Pfingstrosen und Alpenveilchen. Nicht zu vergessen: die Orangen- und Zitrusplantagen, Weinstöcke, Obstbäume sowie blühende Mandel- und Pistazienkulturen. Auf der fruchtbaren Asche gedeihen die besten Früchte, bewässert von den Wolken, die sich an den Hängen des Ätna abregnen.

Seit dem Jahr 1987 ist die Gipfelregion des Ätna als Naturschutzgebiet ausgewiesen. Insgesamt wurden rund 60 000 Hektar in Schutzzonen unterschiedlicher Priorität aufgeteilt. Faszinierend ist die Vegetation in den verschiedenen Klimazonen; die Temperaturen am Gipfel können bis zu

▲ *Staufisches Erbe: Castello Ursino in Catánia*

▼ *›Wächter‹ am Bellini-Denkmal*

▲ *Catánias Wahrzeichen: Fontana dell'Elefante mit schwarzem Lavaelefanten*

▲ Neorenaissance-Theater Bellini: Der Name erinnert an den 1801 in Catánia geborenen Komponisten

▲ Catánia: Hauptwerk des barocken Wiederaufbaus ist der Dom

▼ Fischmarkt in Catánia

zwanzig Grad unter denen der Küste liegen. Der Weg zum Gipfel führt durch einen dichten Waldgürtel aus Eichen, Kastanien und Buchen bis zu hochalpinen Lagen mit ihren verkrüppelten Bäumen, Ginster und Wacholder. In der Gipfelregion, die stellenweise an eine Mondlandschaft erinnert, wachsen nur noch Flechten.

Archaisches Randazzo

Tomasi di Lampedusa ließ den Fürsten Salina in seinem berühmten Roman ›Der Leopard‹ nicht grundlos von der ›Hölle von Randazzo‹ sprechen. Nichts Mildes, nichts Liebliches geht von dieser Landschaft am Nordhang des Ätna aus. Acht Monate lang wird die Erde von der Sonne gnadenlos ausgedörrt, bevor sich die Bewohner gegen einen harten Winter wappnen müssen.

Das Leben in dem von einer Kirche aus schwarzem Lavastein dominierten Ort folgt noch heute archaischen, für Fremde kaum wahrnehmbaren Gesetzen. Als wäre ein geheimes Signal ertönt, leeren sich die Straßen mittags und abends innerhalb weniger Minuten; es wirkt fast, als wäre es zu bestimmten Zeiten verboten, sich in der Öffentlichkeit zu zeigen. Die Frauen von Randazzo scheinen nur zum Kirchgang und zum täglichen Einkauf das Haus zu verlassen – eine Eigentümlichkeit, die auch in anderen Städten des ländlichen Sizilien noch immer zu beobachten ist.

Die Tochter des Ätna: Catánia

Trotz permanenter Bedrohung durch den Ätna hat die quirlige Metropole Catánia nie ihre Lebenslust verloren. Dabei musste sie wiederholt harte Schicksalsschläge hinnehmen, etwa im Frühjahr 1669, als große Teile der Stadt der roten Glut zum Opfer fielen. Angeführt vom Bischof, der die kostbarste Reliquie der Stadt, den Schleier der heiligen Agata, hochhielt, zogen die Einwohner dem Lavastrom entgegen. Vergeblich: Selbst die Wassergräben des Castello Ursino wurden von den Lavamassen gefüllt.

Viele Häuser, die den Vulkanausbruch unversehrt überstanden hatten, legte das Erdbeben von 1693 in Schutt und Asche. Der Wiederaufbau erfolgte nach Plänen von Giovanni Battista Vaccarini ganz im Stil der Zeit: Es entstand eine Stadt im ba-

▲ Zyklopenküste bei Aci Trezza: Die Klippen sollen Odysseus nachgeschleudert worden sein

▲ Baden an der Zyklopenküste

▲ Schlucht zwischen engen Felswänden: Góla dell'Alcántara

▼ Ristorante ›Bettola‹ in Santa Maria la Scala

▲ *Ganz zentral: Piazza del Duomo von Acireale*

▼ *Chiesa di San Pietro e Paolo bei Scifi*

rocken Gewand mit stattlichen Palästen und Gotteshäusern, darunter auch die riesige Kirche des Benediktinerklosters San Nicolò, die bis heute die größte Kirche Siziliens geblieben ist. Beliebtes Baumaterial war der schwarze Lavastein. Auch Catánias Wahrzeichen ist daraus gefertigt: ein Elefant, dessen Rücken einen Obelisken trägt.

Hoffnung ›Etna Valley‹

In den letzten Jahrzehnten entwickelte sich Catánia zu einer vergleichsweise reichen Industriestadt, vor allem die Vorstädte wuchsen chaotisch schnell. Die monumentale Porta Garibaldi, als königliches Triumphtor aus Lava und Kalkstein errichtet, wird zwar von einer allegorischen Darstellung des Ruhms gekrönt, doch konnte die Rückbesinnung auf die hehre Vergangenheit den Sizilianern bis heute keinen optimistischen Weg in die Zukunft weisen. Die Arbeitslosenquote liegt noch immer bei erschreckenden 25 Prozent. Aber wer weiß, wenn der Aufschwung der Elektronikkonzerne im ›Etna Valley‹ anhält, werden bald vielleicht alle Bevölkerungsgruppen davon profitieren.

SPECIAL

Normannisches Kleinod

Im Gegensatz zu den prachtvollen Normannendomen von Monreale und Cefalù ist die Chiesa di San Pietro e Paolo nur wenigen Kunstkennern bekannt. Ehedem zu einem griechisch-orthodoxen Kloster gehörend, liegt die kleine Kirche in einem Tal bei der Ortschaft Scifi. Das zinnenbekrönte Bauwerk, das während der Herrschaft Rogers II. entstand, erinnert an eine Festung. Das Innere der Kirche ist vollkommen schmucklos, der unbekannte arabische Baumeister vertraute ganz auf die Wirkung des Steins. Die dekorativen Blendarkaden sind in arabischer Manier dreifarbig aus Lava, Kalk und Backstein.

Durch die Alcántara-Schlucht

Unweit von Randazzo verbirgt sich an der Nordflanke des Ätna ein eindrucksvolles Naturszenario: Wie eine Wunde klafft die Alcántara-Schlucht in der Erdoberfläche. Der Alcántara-Fluss – er entspringt in den Monti Nébrodi und vereinigt sich unterhalb von Randazzo mit einer Ätna-

▲ Die Piazza IX Aprile ...

▼ ... in Taormina

▲ Taorminas Teatro Greco mit dem Ätna als Kulisse

▲ Isola Bella vor Taormina

▼ Bergdorf Castelmola

▼ Giardini-Naxos ist ein beliebter Fischer- und Badeort bei Taormina am Fuße des Ätna

Quelle – hat sich im Lauf von Jahrtausenden ein tiefes Bett in den dunklen Basalt gegraben. Beim Ausbruch eines Nebenkraters stürzte ein glühender Lavastrom in die Schlucht und erkaltete durch den Kontakt mit dem Gebirgswasser; an den bis zu 30 Meter hohen Felswänden hängen erstarrte Lavamassen, deren bizarre Form riesigen Orgelpfeifen ähnelt.

Wer sich von den kalten Wassertemperaturen nicht abschrecken lässt, kann die Alcántara-Schlucht zu Fuß erkunden. Je nach Jahreszeit reicht das jadegrün schimmernde Wasser bis zur Brust, manche Teilstrecken müssen schwimmend zurückgelegt werden. Die Felswände treten immer näher zusammen, bis der Himmel nur noch als schmales blaues Band auszumachen ist. Allein wenn die Sonne im Zenit steht, reichen ihre Strahlen bis auf den Grund der Schlucht hinunter.

Die Kapitale des Tourismus

Der Aufstieg von Taormina zur Kapitale des Sizilientourismus begann 1863 mit einer Wette: Als der 20-jährige Maler Otto Geleng in Paris seine neuesten Bilder mit blühenden Mandelbäumen vor der verschneiten Ätnakulisse ausstellte, hielten seine Freunde das Motiv für pure Fantasie. Geleng versprach den Zweiflern die Reisekosten zu ersetzen, falls sie die von ihm gemalten Ansichten in Taormina nicht vorfinden würden. Das erste Hotel eröffnete, und schon bald darauf war Taormina in aller Munde.

Auch der deutsche Baron Wilhelm von Gloeden, der vorzugsweise spärlich gekleidete Jünglinge in arkadischen Posen fotografierte, genoss die tolerante Atmosphäre und wurde zu einem der wichtigsten Werbeträger. Gloeden, der 1878 eine Lungenkrankheit in Taormina auskurieren wollte, blieb hier bis zu seinem Tod 1931.

Taormina muss sein

Und auch heute gilt: Taormina muss sein, denn Taormina ist das Sahnehäubchen einer Sizilienreise. Auch wenn es dem Städtchen angesichts des sommerlichen Gästeansturms schwer fällt, Haltung zu bewahren, konnte es seine Exklusivität und seinen Charme erhalten. Wirklich exklusiv sind allerdings nur noch die Preise man-

▲ Messinas Festa della Madonna Assunta im August …

▼ … verlangt vollen Einsatz

▲ Der Hafen von Messina

▼ Messinas Dom

▼ Tindári: Reste einer altrömischen Villa ...

▼ ... und die Wallfahrtskirche

cher Herbergen und das einzigartige Panorama: Nirgendwo kann man in Taormina dem Anblick des Ätna entgehen. Klassisch ist der Blick von den Sitzreihen des Teatro Greco. Schon der Italienreisende Johann Wolfgang von Goethe pries die antike Theaterbühne als ›schönstes Theater der Welt‹ und zeigte sich fasziniert von dem meist schneebedeckten, rauchenden Vulkan.

Abends in Taormina treffen sich die meisten fast zwangsläufig auf dem Corso Umberto. Man promeniert vorbei an Souvenirläden, Cafés, Pianobars und edlen Geschäften, darunter Boutiquen von Prada und Gucci. Sehen und gesehen werden. Ein flüchtiges Lächeln. Liebespaare gehen Hand in Hand. An der Piazza IX Aprile verbreitert sich der Corso zu einem Platz, der sich wie eine überdimensionale Panoramaterrasse über dem Meer öffnet. Von hier aus ist Kalabrien schon zum Greifen nah. Und nachts, wenn die Lichter der Häuser an den Hängen des Ätna flackern, scheint das irdische Glück vollkommen.

Zwischen Skylla und Charybdis

Die Straße von Messina ist reich an Sagen. Schon Homer wusste von Odysseus zu berichten, dass sich der Held vor den Ungeheuern Skylla und Charybdis fürchtete, die in der Meerenge ihr Unwesen trieben. Die Geschichte von Skylla und Charybdis hat einen realen Hintergrund: Der Stretto, eine der wichtigsten Seehandelsrouten des Mittelmeers, ist an seiner schmalsten Stelle nur drei Kilometer breit. Während der Gezeiten bilden sich gefährliche Strömungen und Gegenströmungen, die schon so manches Schiff auf den Meeresgrund gerissen haben.

Was lag also näher, als Sizilien mit einer Brücke am Kontinent zu verankern? In den 1980er-Jahren plante die italienische Regierung, eine Hängebrücke über dem Stretto zu errichten als Verlängerung von Autobahn und Schienenweg. Doch dann machten sich Skylla und Charybdis ans Werk, verbündeten sich mit mafiosen Bauunternehmern und verschlangen klammheimlich mehrere hundert Millionen Euro, welche die Regierung zur Finanzierung des ehrgeizigen Projekts bereitgestellt hatte. Bis zum Jahr 2012 soll die Brücke nun aber doch noch gebaut werden.

Bocche di Vulcano
108
Ísola Vulcano
Capo Rasocolmo
Golfo di Milazzo
MILAZZO
Punta Messine
Capo di Milazzo
Golfo di Patti
Capo Calavà
Capo d'Orlando
PATTI
TYNDARIS
Capo Tindari
BARCELLONA POZZO DI GOTTO
MESSINA
VILLA SAN GIOVANNI
RÉGGIO DI CALÁBRIA
Stretto di Messina
Monti Peloritani
CASTROREALE
MONTALBANO ELICONA
TORTORICI
NOVARA DI SICILIA
SANTA TERESA DI RIVA
FORZA D'AGRÒ
FRANCAVILLA DI SICILIA
CASTIGLIONE DI SICILIA
RANDAZZO
LINGUAGLOSSA
TAORMINA
Capo Sant'Alessio
Capo Sant'Andrea
Capo Taormina
CESARÒ
BRONTE
Monte Etna
Parco dell'Etna
GIARRE
Riposto
ADRANO
BIANCAVILLA
CENTÙRIPE
ACIREALE
NICOLOSI
PATERNÒ
BELPASSO
Aci Castello
MISTER BIANCO
CATÁNIA
Riviera dei Limoni
Riviera dei Ciclopi
MARE IÓNIO
62
98
1
2
3
4
5
Maßstab 1:375.000
0
6 km

Infos

Milazzo 1

Milazzo liegt auf einer schmalen Landzunge, die am Capo di Milazzo endet und weit in das Tyrrhenische Meer hineinragt. Diese Lage prädestiniert den Ort zum Fährhafen für die Schiffe, die zu den Liparischen Inseln übersetzen.

Sehenswert: Die von Friedrich II. erbaute, im 16. Jh. erweiterte **Festung**.

Umgebung: Im antiken **Tindári** (oder Tyndaris, 28 km westl.), letzte griechische Gründung auf Sizilien, sind ein Theater, Teile eines römischen Wohnviertels und die Ruine einer Basilika erhalten. Neben dem Ausgrabungsgelände erhebt sich die Wallfahrtskirche Madonna del Tindaro mit der wundertätigen schwarzen Madonna. **Brolo** (45 km westl.) besitzt eine mittelalterliche Stadtmauer und Burg. Im Bergdorf **Castroreale Terme** (22 km südl.) spürt man noch den einstigen Charakter.

ⓘ AACST, Piazza C. Duilio 20, I-98057 Milazzo, Tel. 090 9 22 28 65, Fax 090 9 22 27 90.

Messina 2

Messina ist die drittgrößte Stadt der Insel (240 000 Einw.). Bedingt durch ein Erdbeben und die Zerstörung im Zweiten Weltkrieg präsentiert sich die Provinzhauptstadt modern und ohne historisches Flair und kann seit der griechischen Gründung auf eine bewegte, 2500-jährige Geschichte zurückblicken, die untrennbar mit der Lage an der gleichnamigen Meerenge verbunden ist. Als schrecklichstes Ereignis verzeichnet die Stadtchronik das Erdbeben von 1908: Messina wurde fast vollständig zerstört; mehr als 80 000 Menschen kamen ums Leben.

Sehenswert: Der mehrfach wieder aufgebaute **Dom** mit seiner astronomischen Uhr sowie die kleine Normannenkirche **SS. Annunziata dei Catalani** (12./13. Jh.), die Zerstörungen trotzen konnte.

Museum: Das **Museo Regionale**, Viale della Libertà 465, widmet sich der bildenden Kunst Messinas bis zum 18. Jh. u. a. mit Werken von Caravaggio und Antonello di Messina (Mo.–Sa. 9.00–13.30, So. 9.00–12.30, Di., Do., Sa. auch 15-17.30 Uhr).

Veranstaltungen: Festa della Madonna Assunta (15. Aug.); Filmfest **Rassegna Cinematografica Internazionale** (Juli); Opernsaison (Nov.–Mai).

ⓘ AAPT, Via Calabria Isolato 301/BIS, I-98100 Messina, Tel. 090 67 42 36.

Taormina 3

TOP ZIEL

Taormina ist die sizilianische Touristenhochburg schlechthin. Die atemraubende Lage an einem Steilhang des Monte Tauro sowie das einmalig schöne Griechische Theater haben ihre Attraktivität bis heute nicht verloren. Das griechische Tauromenion war aber eher eine unbedeutende Kolonie. Bereits im Jahr 215 v. Chr. verbündete sich die Stadt mit den Römern, die bald die neuen Herren Siziliens waren. Als letzte christliche Bastion wurde Taormina 902 von den Arabern erobert. Unter den Normannen erlebte die Stadt eine erneute Blüte. Im 19. Jh. wurde Taormina zur Winterresidenz des europäischen Großbürgertums.

Sehenswert: Das **Teatro Greco** (tgl. 9.00 Uhr bis 1 Std. vor Sonnenuntergang) mit dem fantastischen Ätna-Panorama. Weitere antike Bauwerke sind das **Odeon** und die **Naumachia**, eine 122 m lange Ziegelsteinmauer, über deren Funktion man bis heute rätselt. Entspannung findet man im Giardino Pubblico, einem öffentlichen Park.

Aktivitäten: Tennis; Baden und Segeln in Mazzarò, einem Ortsteil von Taormina.

Veranstaltung: Taormina Arte, internationales Festival für Film, Theater, Musik und Tanz (Juli-Sept.).

Umgebung: Oberhalb von Taormina liegt das kleine Bergnest **Castelmola**, das eine grandiose Aussicht auf den Ätna bietet. Der Fischerort **Letojanni** (6 km nördl.) profitiert spürbar von dem nahen Taormina. Das Bergdorf **Forza d'Agrò** (10 km nördl.) besitzt neben einer Burgruine noch drei sehenswerte Kirchen. Bei **Scifi** (28 km nördl.) lohnt die Chiesa di San Pietro e Paolo einen Besuch. **Sávoca** (20 km nördl.) wartet mit einer makabren Attraktion auf: In den Katakomben des Kapuzinerklosters sind Mumien aus dem 17. Jh. zu sehen. **Giardini-Naxos** (5 km südl.) ist ein beliebter Badeort. Von der ältesten griechischen Kolonie zeugt das Ausgrabungsgebiet am **Capo Schisò** mit einem kleinen Museum (tgl. 9.00–18.30, im Winter bis 16.00 Uhr). Wer eindrucksvolle Naturszenerien liebt, sollte einen Abstecher zur **Gola dell'Alcántara** (20 km westl.) unternehmen.

ⓘ AACST, Piazza S. Caterina (Palazzo Corvaja), I-98039 Taormina, Tel. 0942 2 32 43, Fax 0942 2 49 41, www.gate2taormina.com

Catánia 4

Die ostsizilianische Metropole ist eine lebendige Großstadt (380 000 Einw.) mit vielen Einkaufsmöglichkeiten. Auf dem Flughafen Fontanarossa landen die meisten Passagierflugzeuge aus dem Ausland. Gegründet wurde Catánia 729 v. Chr. von den Chalkydiern, die der Stadt den Namen Katane, die Hügelige, gaben. Bis zur Römerzeit stand Catánia im Schatten der benachbarten griechischen Städte. Trotz schwerer Erdbeben und dem Vulkanausbruch von 1669 verlor Catánia nicht an Einfluss. Der barocke Wiederaufbau folgte dem Erdbeben von 1693.

Sehenswert: Der Dom **Sant'Agata** (nach 1693) mit seiner barocken Fassade (tgl. 8.00–12.00 u. 16.00–18.00 Uhr) und der barocke **Elefantenbrunnen** auf der Piazza Duomo. Das unter dem Stauferkaiser Friedrich II. am Hafen errichtete **Castello Ursino** zählt mit seinem strikt geometrischen Grundriss zu den wichtigsten Beispielen staufischer Architektur (Di.–Sa. 8.30–13.00, So. 9.00–12.00 Uhr). Das römische **Amphitheater** auf der Piazza Stesicoro, von dem nur noch spärliche Reste zeugen, war fast so groß wie das Colosseum in Rom. Besser erhalten ist das von Häusern umrahmte **Teatro Greco Romano** in der Via Vittorio Emanuele II 266 (tgl. 9.00–13.00 u. 15.00–18.00 Uhr). Das **Teatro Bellini** an der gleichnamigen Piazza ist ein prachtvoller Opernbau im Stil der Neorenaissance.

Museum: Für Verehrer des Komponisten und größten Sohn Catánias, Vincenzo Bellini (1801–1835), ist ein Besuch des **Museo Belliniano** Pflicht, Piazza San Francesco 3 (tgl. 9.00–13.00, So. nur bis 12.30, Di. Do. auch 15.00–18.00 Uhr).

Veranstaltungen: Fest der hl. Agathe (Febr.); Konzertreihe **›Musik und Sommer‹** (Juli-Sept.); **Opernsaison** (Nov.–Mai).

Umgebung: Der Fischerort **Aci Trezza** (13 km nordöstl.) wurde durch Giovanni Vergas Roman ›Die Malavoglia‹ berühmt. Der Thermal-Badeort **Acireale** (16 km nordöstl.) ruht auf einem ins Meer hinein ragenden Lavavorsprung. Nördlich davon lohnt das nahe gelegene Dorf **Santa Maria la Scala** einen Ausflug.

ⓘ AAPIT, Via Domenico Cimarosa 10, I-95124 Catánia, Tel. 095 7 30 62 11, Fax 095 31 64 07, www.turismo.catania.it

Adrano 5

Die lebhafte Kleinstadt ist das wichtigste landwirtschaftliche Zentrum am Westhang des Ätna. Ihr Reichtum gründet sich auf die äußerst fruchtbaren Lavafelder der Umgebung.

Sehenswert: Das normannische Kastell aus dem 11. Jh., ein würfelförmiger Block aus schwarzem Lavagestein.

Umgebung: Mehr als jede andere Stadt am Ätna ist **Randazzo** (27 km nordöstl.) fast vollkommen aus Lava gebaut. Mit San Martino und San Nicola besitzt das verträumte Städtchen zwei sehenswerte mittelalterliche Kirchen. Im Bannkreis des Ätna ist auch **Paternò** (18 km südöstl.), in dessen Zentrum ebenfalls eine normannische Burg steht. **Centúripe** (18 km westl.), eine ehemalige Sikulerstadt, hat noch Zeugnisse aus der Römerzeit.

19

Barock und lebensfroh

Siziliens Südosten ist berühmt für seine glanzvollen Barockstädte und -kirchen. Noto und Ragusa oder Módica besitzen eine ganz besondere Atmosphäre, die nicht nur Architekturliebhaber begeistert. Als Muss gilt der Besuch von Syrakus, denn in der größten Stadt des antiken Sizilien sind noch zahlreiche Altertümer erhalten. Badeurlauber zieht es an die Küste. Landschaftsgenießer zu den Nekropolen von Pantálica oder zur Cava Grande del Cassibile.

Beliebt bei Schwimmern und Tretbootfahrern: die Fontane Bianche vorgelagerten kleinen Felsen.

▲ Glanzstück von Módica ist San Giorgio

▲ San Giorgio in Ragusa

▼ Blick über Ragusa Ibla

▲ Módicas barocke Kirchen nutzen die Hanglage: Eine breite Treppe führt hinauf zu San Pietro

▲ Marina di Ragusa: Der Castellana Park ... ▼ ... ist die größte Badelandschaft Siziliens

Am Anfang stand eine Katastrophe: Im Jahr 1693 wurde der gesamte Südosten Siziliens von einem gewaltigen Erdbeben erschüttert, das 45 Städte in Ruinen verwandelte und 60 000 Menschenleben forderte. Zurück blieben eine entsetzte, ins Elend gestürzte Bevölkerung und ein gigantisches Trümmerfeld.

Wiederaufbau im Barock ...

Doch schon nach kürzester Zeit wurde im gesamten Südosten mit dem glanzvollen Wiederaufbau begonnen. Wie der sprichwörtliche Phönix aus der Asche entstanden innerhalb weniger Jahre neue, auf dem Reißbrett entworfene Städte wie Noto oder Grammichele.

Andernorts machte man sich daran, die Schäden zu beseitigen und auf den Grundmauern der zerstörten Häuser eine neue, schönere Stadt zu errichten. Glücklicherweise stand die sizilianische Landwirtschaft just in jenen Jahren in einer außerordentlichen Blüte, so dass das notwendige Kapital für den architektonischen Neubeginn vorhanden war. Zeitbedingt geriet der Wiederaufbau zu einer ganz fantastischen Demonstration des Barockstils.

... mit sizilianischer Note

Bekanntlich verknüpft dieser Stil den überschäumenden Lebensgenuss wie die tiefe, inbrünstige Religiosität und verherrlicht beides, die kirchliche wie die weltliche Macht. Das irdische Wohlleben wurde als Gnade Gottes verstanden, und die irdische Pracht entfaltete sich einzig zu seinen Ehren. Vor allem in den prunkvollen Kirchenbauten wurden alle Register des barocken Überschwangs gezogen.

Neben all seinen typischen Elementen hat der Barock in Sizilien eine ganz eigene Formensprache gefunden. So findet man beispielsweise Turmkirchen wie die von Módica, Ragusa und Palazzolo Acréide nur hier, aber nicht auf dem italienischen Festland. Bei den Profanbauten ist vor allem der pralle Skulpturenschmuck ein auffälliges Merkmal.

Palazzolo Acréide rühmt sich stolz, den längsten barocken Balkon Siziliens zu besitzen, dessen Simse von ein paar hässlichen Fratzen geziert werden. Ähnliche Figuren finden sich auch an den Balkonen

▲ Noto: Bei Brautpaaren beliebt sind die Kirchen der Altstadt … ▼ … wie San Francesco

▲ Passen zur barocken Kulisse: die Carabinieri

▲ Notos Palazzo Villadorata

▲ *Saluto della Primavera: in der Nacht zum 3. Maisonntag …* ▼ *… begrüßt Noto den Frühling*

von Noto, die zumeist aber mit Engeln und Fabeltieren geschmückt sind.

Honiggelbes Noto …

Überhaupt gilt Noto als die barocke Perle Siziliens. Keine andere Stadt hat den Stil des Settecento so einheitlich bewahrt: Beeindruckend ist vor allem die Homogenität der Fassadengestaltung. Der für den Wiederaufbau verwendete weiche, feinporige Kalkstein taucht die ganze Stadt in ein faszinierend leuchtendes Honiggelb. Mit ihrem gitterförmigen Grundriss entsprach die neue Stadtanlage den damals modernsten Kriterien.

Da Noto ein bedeutendes Verwaltungszentrum für kirchliche und adlige Lehensgüter war, wurde bei der Stadtplanung nicht zwischen Sakral- und Profanbauten differenziert. Alle wichtigen Bauwerke reihen sich daher entlang der Via Cavour und rund um die drei Plätze des Hauptcorsos.

… vor dem Verfall gerettet

Lange Zeit bröckelte die Altstadt vor sich hin, nur notdürftig waren die einsturzgefährdeten Gebäude von morschen Gerüsten abgestützt. Eine nicht zu verleugnende Tristesse lag über der vom Verfall bedrohten Stadt. Glücklicherweise erkannte man vor wenigen Jahren, welchen architektonischen Schatz Noto darstellt, so dass inzwischen umfangreiche Restaurierungsarbeiten in Gang gekommen sind. Doch manche Adelspaläste werden verlassen bleiben oder nur zu einem Teil genutzt werden, da es sich heute niemand mehr leisten kann, in einem 60-Zimmer-Palazzo zu wohnen. Die UNESCO zählt Noto heute zum Weltkulturerbe. Allerdings ist es ein gefährdetes Erbe, was nicht zuletzt die vielen Baugerüste, Stützkonstruktionen und Absperrungen wegen Einsturzgefahr belegen.

Cava Grande del Cassibile

Die Ausläufer der Monti Iblei sind wild zerklüftete, steilwandige Schluchten, Cavas genannt, die von längst versiegten Flüssen tief in den Kalkstein gegraben wurden. Eine Ausnahme bildet die im Hinterland von Avola gelegene Cava Grande, auf deren Grund der Fluss Cassibile ein Badeparadies geschaffen hat. Der Abstieg in die zum Naturschutzgebiet erklärte Schlucht ist ver-

▲ Strand hinter Sanddünen in Pozzallo

▼ ›Süßwasserpools‹ in der Schlucht Cava Grande del Cassibile

▲ Reusen: von Hand geflochten

▲ Der Strand von Fontane Bianche – gewissermaßen das Hausbad von Syrakus

▲ Im kleinen Fischerdorf Marzaméni ...

▼ ... ist nur im Sommer etwas los

hältnismäßig kurz, der Aufstieg dafür um so kräftezehrender.

An den Wänden lassen sich Felsgräber einer sikulischen Nekropole ausmachen, später begeistert die üppige Vegetation mit Platanen, Pappeln und Oleanderbüschen. Den absoluten Höhepunkt bilden mehrere Felsbecken, in denen sich das glasklare, türkis schimmernde Wasser des Cassibile aufstaut und die durch kleine Wasserfälle miteinander verbunden sind. Angesichts des trockenen, ausgedörrten Sommers auf Sizilien erweckt der Talgrund die Vorstellung von einem Garten Eden.

Strände für jedermann

Rund um den südöstlichen Zipfel Siziliens erstrecken sich die ausgedehntesten und einsamsten Strände der Insel. Eine Ausnahme macht Fontane Bianche, ein illustrer Badeort, der zu den beliebten Sommersitzen des wohlhabenden Syrakuser Bürgertums zählt. Je weiter man fährt, desto einsamer wird die Küste. Südlich von Ávola sind stattliche Ferienvillen und Restaurants rar, dafür findet man kilometerlange goldgelbe Traumstrände ohne jegliche Infrastruktur. Erst wieder rund um Pozzallo machen sich die für Italien so typischen *Stabilimenti* am Strand breit.

Wer die Einsamkeit liebt, sollte unbedingt die Riserva Naturale Orientata di Vendicari durchstreifen. Das Naturschutzgebiet beginnt südlich der Ruinen des antiken griechischen Küstenorts El Oro und reicht bis zum Fischerdorf Marzaméni. Hinter den menschenleeren Stränden breiten sich Dünen und Lagunenseen aus – ein wertvolles Feuchtgebiet, in dem seltene Wat- und Stelzvögel leben. Unweit von Portopalo liegt der südlichste Punkt Siziliens: Ein Hauch von Afrika liegt in der Luft, der Boden ist karg, Bäume sind kaum vorhanden.

Die Nekropolen von Pantálica

Bereits vor der griechischen Kolonisation war der Südosten Siziliens von den Sikulern besiedelt, deren Hauptstadt sich auf einem Kalksteinplateau über der Schlucht des Anapo erstreckte. In den Bergen um die einstige sikulische Stadt entstanden im Lauf von sechs Jahrhunderten die Nekropolen von Pantálica, die zu den eindrucksvollsten Zeugnissen der Vorgeschichte ge-

▲ *Syrakus: Abendbummel auf dem Lungomare ...*

▼ *... Basilika San Giovanni Evangelista*

▲ *In Stein gehauene Totenstadt: die Nekropolen von Pantálica*

▲ *Syrakus: Imposant sind die hochbarocke Fassade des Doms ...*

▲ *... das römische Amphitheater ...* ▼ *... und das Griechische Theater*

hören. Auf den ersten Blick kaum auszumachen sind die mehr als 5000 Grabkammern, die wie Bienenwaben in den steil abfallenden Felshang geschlagen wurden.

Die Nekropolen von Pantálica stellen die größte Totenstadt Siziliens dar, die ältesten Gräber stammen noch aus der Jungsteinzeit, die letzten wurden im 8. Jahrhundert v. Chr., kurz bevor die aufstrebenden Griechen die sikulische Stadt zerstörten, in den Kalkstein gehauen.

SPECIAL

Spaziergang nach Syrakus

Syrakus besitzt zwar auch mehrere ansehnliche barocke Bauwerke, doch das Augenmerk richtet sich in erster Linie auf die Hinterlassenschaften der Griechen, die weit über das Stadtgebiet verstreut sind und eine Vorstellung von der immensen Ausdehnung der antiken Metropole geben. Zuverlässigen Schätzungen zufolge soll die Stadt damals weit mehr als 500 000 Einwohner gezählt haben! Unter der Herrschaft des Tyrannen Dionysios I. stieg Syrakus zur mächtigsten Stadt Großgriechenlands auf; weit im Hinterland wurden Stadtmauern und ein trutziges Fort, das Castello Eurialo, errichtet, dazwischen dehnte sich die Neapolis aus, deren Herzstück samt Griechischem Theater als Archäologischer Park besichtigt werden kann. Keimzelle des antiken Syrakus war die Halbinsel Ortygia. Die ›Wachtelinsel‹ ist ein flaches Felseneiland, ausgestattet mit einer Süßwasserquelle und zwei großen Naturhäfen. Den Stadtteil beherrscht heute die barocke Schaufront des Doms. Keine Spuren der Antike? Weit gefehlt. Unvermutet verbirgt sich in seinem Inneren ein griechischer Tempel.

Während in den kleinen Höhlen Einzelgräber gefunden wurden, hatten in den großen Grabkammern ganze Familienclans ihre letzte Ruhestätte. Da die Sikuler ihren Toten oft kostbare Beigaben ins Grab legten, waren die Nekropolen von Pantálica immer wieder das Ziel von verschiedenen Grabräubern. Am Ende der byzantinischen Epoche dienten die Grabhöhlen den Christen als Zufluchtsort vor den arabischen Invasoren. Einige von ihnen wurden sogar als Kapellen genutzt.

62
86
72
PATERNO
Aci Castello
MISTERBIANCO
CATÁNIA
Riviera dei Ciclopi
Réggio di Calábria-Nápoli
Livorno
Bari-Venézia
Ravenna
Malta
Golfo di Catánia
Piana di Catánia
Zona Industriale
Lido di Pláia
Catenanuova
Castel di Iudica
Ramacca
Palagonia
Militello in Val di Catánia
Scordia
Lentini
Carlentini
Francofonte
Mineo
Caltagirone
Grammichele
Vizzini
Licodía Eubea
Monti Iblei
Buccheri
Ferla
Cassaro
Buscemi
Palazzolo Acrèide
Sortino
Melilli
Augusta
Golfo di Augusta
Capo Santa Croce
Brùcoli
Monte Tàuro
Penisola Magnisi
Thapsos
Priolo-Gargallo
Floridia
Solarino
Siracusa
Teatro Greco
Ortigia
Capo Santa Panagia
Canicattini Bagni
Monterosso Almo
Giarratana
Chiaramonte Gulfi
Còmiso
Vittória
Ragusa
Mòdica
Scicli
Íspica
Pozzallo
Rosolini
Noto
Ávola
Pachino
Marzamèmi
Portopalo di Capo Pàssero
Ísola Capo Pàssero
Cava d'Ispica
Grotta delle Trabacche
Cassibile
Fontane Bianche
Capo Ògnina
Lido di Noto
Golfo di Noto
Ísola Vendicari
Capo delle Correnti
Punta del Corvo
Punta Religione
Marina di Ragusa
S. Croce Camerina
Marina di Mòdica
Santa Croce Camerina
Mazzarrone
Necropoli di Pantàlica
Necròpoli di Bibbinello
Eloro
1
2
3
4
Maßstab 1:350.000
0
5 km

Syrakus/Siracusa 1

TOP ZIEL Noch immer zehrt die Provinzhauptstadt (119 000 Einw.) von ihrer großen Vergangenheit. Innerhalb weniger Jahrzehnte stieg das im 8. Jh. v. Chr. gegründete Syrakus zu einer der bedeutendsten griechischen Kolonien in Sizilien auf. Im 5. Jh. v. Chr. galt es als die mächtigste Stadt im Mittelmeerraum. Nacheinander hatte man die Karthager, die Etrusker und schließlich auch noch die Athener auf dem Schlachtfeld besiegt. 200 Jahre später konnte Syrakus der römischen Übermacht nichts entgegensetzen und musste sich mit dem Status einer Provinzhauptstadt abfinden. Trotzdem blieb Syrakus lange die bedeutendste Metropole Siziliens; erst als die Sarazenen im Jahr 878 die Stadt eroberten, endete eine eineinhalb Jahrtausende währende Vorherrschaft.

Sehenswert: Der **Parco Archeologico**, beginnend mit dem Griechischen Theater (3 Jh. v. Chr.) und dem Altar seines Erbauers Hieron II. (238–215 v. Chr.) bis zum Römischen Amphitheater (3. Jh. n. Chr.). Weitere Attraktion im Archäologischen Park ist das so genannte Ohr des Dionysos, ein tief in den Berg geschlagener Stollen mit ausgezeichneter Akustik (tgl. 9.00 Uhr–2 Std. vor Sonnenuntergang). Die Reste der Basilika San Giovanni Evangelista und die zugehörigen Katakomben bieten Gelegenheit zur Besichtigung einer der ältesten christlichen Begräbnisstätten auf Sizilien (3. Jh.) sowie einer Kirche, in der bereits der Apostel Petrus gepredigt haben soll (tgl. außer Di. 9.00–12.30 u. 14.30–17.30 Uhr).
Auf der Halbinsel **Ortygia** stehen die Grundmauern eines Apolloheiligtums sowie der Dom Santa Maria delle Colonne mit seiner barocken Fassade, der aus einem Umbau des antiken Athena-Tempels (5. Jh. v. Chr.) hervorging (tgl. 8.00–12.00 u. 16.00–19.00 Uhr).

Museen: Museo Archeologico Paolo Orsi, Viale Teocrito 66. Umfangreich ist die Abteilung zur Vor- u. Frühgeschichte. Schwerpunkte sind auch die hellenistische, römische und christliche Epoche (Di.–Sa. 9.00–13.00, 15.00–17.00, So. 9.00–13.00 Uhr). Das im Palazzo Bellomo untergebrachte **Museo Regionale**, Via Capodieci 16, beherbergt eine umfangreiche Ausstellung zur mittelalterlichen und modernen Kunst. Sehenswert sind neben reich verzierten Skulpturen vor allem die Gemälde von Antonello di Messina und Caravaggio (tgl. 9.00–13.00 Uhr).

Veranstaltungen: Spettacoli Classici, klassische Tragödien im Antiken Theater (Mai u. Juni in geraden Jahren); **Nationales Pferderennen** (Sept.); **Fest der hl. Lucia**, der Schutzpatronin der Stadt (Dez.).

Umgebung: An der **Fonte Ciane** (5 km westl.), Quellteich eines kleinen Flusses, wachsen wilde Papyrusstauden. Das hervorragend erhaltene **Castello Eurialo** (6 km nordwestl.) gehört zu den eindrucksvollsten griechischen Festungsbauten auf Sizilien. Die **Necropoli di Pantálica** (30 km nordwestl.), auf mehrere Nekropolen verteilte frühgeschichtliche Gräber, liegen in wunderschöner Landschaft hoch über dem Anapo-Tal. **Fontane Bianche** (20 km südwestl.) ist der schönste Badeort in der Umgebung.

ⓘ AAPT, Via S. Sebastiano 45,
I-96100 Siracusa, Tel. 0931 48 12 00,
Fax 0931 67 80 3, www. apt-siracusa.it

Noto 2

TOP ZIEL Noto ist ›die‹ sizilianische Barockstadt schlechthin. 15 Adelspaläste, 19 Klöster und 23 Kirchen leuchten im goldgelben Sandstein. Die Stadt wurde ab 1693 errichtet, nachdem der alte, weiter landeinwärts gelegene Ort von einem Erdbeben vollkommen zerstört worden war. Wichtigste Achsen sind die feudale Via Cavour sowie der parallele, von Kirchen und Klöstern gesäumte Corso Vittorio Emanuele – gekreuzt von rechtwinkligen Nebenstraßen.

Sehenswert: Die **Altstadt** als Gesamtensemble, wenngleich noch viele Gebäude stark renovierungsbedürftig sind. So auch die Kathedrale **San Nicolò**, die im Jahr 1996 infolge heftiger Regenfälle einstürzte. Direkt am Corso Vittorio Emanuele steht die **Chiesa San Francesco** (18. Jh.) mit ihrer monumentalen Freitreppe. Der **Palazzo Villadorata** begeistert durch seine kleinen Balkons und den Groteskenschmuck.

Veranstaltung: Saluto della Primavera, Begrüßung des Frühlings (in der Nacht zum 3. Maisonntag).

Umgebung: Das barocke **Ávola** (8 km östl.) ist ein bedeutendes Landwirtschaftszentrum (Mandeln) mit fünf kreuzförmig angelegten Plätzen. Sehenswert ist die Kirche San Nicola mit ihrer Barockfassade. Im hügeligen Bergland lockt die **Cava Grande del Cassibile** (18 km nordöstl.), eine tiefe Schlucht mit mehreren Badeseen. Am Fuße der Monti Iblei liegt das aus dem antiken Akrei hervorgegangene **Palazzolo Acréide** (35 km nordöstl.) mit den Ruinen eines griechischen Theaters. **El Oro** (10 km südl.) bewahrt noch spärliche Ruinen aus seiner alten griechischen Vergangenheit. Von hier lohnt ein Ausflug zur **Riserva Naturale Orientata di Vendicari**, die sich bis nach Marzaméni zieht. Ein rasterförmiges Straßennetz besitzt das hauptsächlich vom Weinanbau lebende **Pachino** (20 km südl.). **Marzaméni** (24 km südl.) ist der ideale Ort, um ein paar geruhsame Tage ohne großen Ferienrummel zu verbringen. **Portopalo di Capo Pássero** (26 km südl.), nahe dem südlichsten Zipfel Siziliens, hat ebenfalls einen schachbrettartigen Grundriss.

ⓘ AAPT, Piazzale XVI Maggio, I-96017 Noto,
Tel. 0931 57 37 79, Fax 0931 83 67 44.

Ragusa 3

Die Bischofs- und Provinzhauptstadt auf den südlichen Ausläufern der Monti Iblei besteht aus zwei Stadtteilen, die durch ein tiefes Tal voneinander getrennt werden. Bereits in sikulischer Zeit war der Ort besiedelt; die Normannen erhoben ihn zum Mittelpunkt einer Grafschaft. Wiederaufbau nach dem Erdbeben von 1693.

Sehenswert: Die gesamte **Altstadt**, Ragusa Ibla genannt. Sie besitzt ein ausgesprochen harmonisches Stadtbild mit vielen barocken Kirchen und Palästen. Die nach Plänen von Rosario Gagliardi erbaute Basilika **San Giorgio** Nuovo (18. Jh.) gilt als letztes grandioses Beispiel für den sizilianischen Barock. Ein liebevoll gepflegter Stadtpark ist der **Giardino Iblo**.

Veranstaltungen: Martyrium des hl. Georg (25. April); **Fest des hl. Johannes** (27./29. Aug.).

Umgebung: An der Küste liegt Marina di Ragusa (25 km südwestl.) mit der modernen Badelandschaft Castellana Park.

ⓘ AAPIT, Via Capitano Bocchieri 33,
I-97100 Ragusa, Tel. 0932 62 14 21,
Fax 0932 62 34 76, www.ragusaturismo.com

Módica 4

Der Ort fügt sich lückenlos in die Reihe der schmucken Barockstädte Siziliens ein.

Sehenswert: In Ober- und Unterstadt geteilt, besitzt Módica zahlreiche prachtvolle Bürgerhäuser und mehrere schöne Kirchen. Interessant ist vor allem die barocke Einturmfassade von **San Giorgio**, zu der eine monumentale Treppe mit 250 Stufen führt. Eine Freitreppe bringt einen zur ebenfalls barocken Kirche **San Pietro**. In der Höhlenkirche **Chiesa Rupestre di San Nicolò Inferiore** wurden erst 1987 drei byzantinische Freskenzyklen entdeckt.

Museum: Das Geburtshaus des Literaturnobelpreisträgers Salvatore Quasimodo († 1968), Via Posterla 84 (tgl. 10.00–13.00 u. 16.00–18.30 Uhr).

Umgebung: Frühgeschichtliche Nekropolen und Felsbehausungen bei **Cava d'Ispica** (10 km östl.). **Scicli** (10 km südl.), ein hübsches Landstädtchen an der Straße nach Donnalucata. **Pozzallo** (20 km südöstl.) lockt mit Stränden.

Reif für die Insel(n)

Sizilien selbst ist zu groß, als dass sich ein richtiges Inselgefühl einstellen könnte. Doch es ist von zahlreichen kleinen Inseln umgeben. Wer glasklares, sauberes Wasser und die Einsamkeit liebt, der ist auf den Liparischen Inseln im Norden Siziliens richtig oder auf den Ägadischen Inseln im Westen. Vor der Südküste liegen Pantelleria und die Pelagischen Inseln, die nur noch etwa 150 Kilometer von Tunesien entfernt sind.

Der kreisrunde Gran Cratere von Vulcano, eine der Liparischen Inseln, lässt sich leicht auf einer Wanderung erkunden.

▲ Auf Vulcano: Baden im von heißen Schwefelgasen erhitzten Schlamm

▲ Netze flicken auf Salina ... ▼ ... die Boote sind am Strand

▼ Santa Marina ist der beschauliche Hauptort von Salina

▲ Vulcano: moderne Kunst zwischen den Felsen von Porto Levante

▼ Blick auf Vulcano von den Quattro Occhi (Vier Augen), einem der schönsten Aussichtspunkte Líparis

Für die Menschen der Antike hauste auf den Liparischen Inseln der Windgott Äolus – wohl wegen der knatternden Gasexplosionen aus den Kratern. Noch heute wird daher der Archipel oft als Äolische Inseln bezeichnet.

Sieben Vulkankegel

Sieben Inselkegel ragen nördlich von Milazzo aus dem Tyrrhenischen Meer. Es sind die Spitzen von sieben Vulkanen, von denen nur noch zwei, Strómboli und Vulcano, aktiv sind. Doch der vulkanische Ursprung ist allgegenwärtig. Es gibt Buchten, wo selbst im Winter das Wasser knapp 30 Grad hat, da es von den nah an den Meeresgrund reichenden Magmaströmen aufgeheizt wird.

Erst im Jahr 1999 entdeckten italienische Wissenschaftler nur wenige Kilometer von Strómboli entfernt einen riesigen Vulkan, der sich 3000 Meter über dem Meeresboden erhebt; der Krater des auf den Namen ›Marsili‹ getauften Vulkans liegt 500 Meter unter der Meeresoberfläche. Zwar besteht kaum die Gefahr, dass der ›Marsili‹ jemals ausbricht, doch befürchten die Experten ein schweres Seebeben, ausgelöst durch gewaltige, von dem Kraterrand abstürzende Gesteinsmassen.

Bimsstein von Lípari

Auch die Bimssteinberge von Lípari sind ein Nebenprodukt des Vulkanismus. Die einstmals verglaste Masse der Trachyten, ein junges porphyrisches Ergussgestein, wurde porös, als unter gewaltigem Druck die Gase und Dämpfe der Vulkane durch das weiße Gestein gepresst wurden. Deshalb gleicht der Bimsstein heute einem zu Fels erstarrten Meeresschaum. Er ist auch so leicht wie Schaum und schwimmt auf dem Wasser.

Noch vor hundert Jahren stand der Bimssteinabbau in voller Blüte: Der Abbau erfolgte, indem er entweder aus den Berglehnen gebrochen oder unter Tag aus tiefen Stollen gefördert wurde. Die einfachen Arbeiter mussten erhebliche Gesundheitsschäden in Kauf nehmen – bis hin zum Tod: Die meisten starben durch den feinen Staub, der beim Abbau entsteht, an der Staublunge, bevor sie das 40. Lebensjahr erreicht hatten.

▲ *Strómboli: bedrohliche Vulkangewalt ...*

▼ *... und abgeschiedener Lavastrand*

▲ *Hafen von Lípari: Treffpunkt der Ragazzi*

▲ Der Kreuzgang von San Bartolomeo auf dem Burgberg von Lípari

▲ Toller Blick auf die Inselwelt ... ▼ ... von der Akropolis, wie Líparis Burgberg genannt wird

Kapern auf Salina

Salina verdankt seine unverkennbare Silhouette einem Zwillingsberg mit zwei etwa 900 Meter hohen Vulkankegeln. Didyme, ›Zwilling‹, haben die Griechen die Insel genannt, bevor die Römer sie aufgrund ihres Salzsees Salina tauften. Wegen ihres Pflanzenreichtums gilt Salina als ›das grüne Herz der Äolen‹.

SPECIAL

Spiel mit dem Feuer

Kaum einer, der sich für Vulkane interessiert, versäumt es, Strómboli zu besuchen. Besonders atemraubend ist die Wanderung zum Kraterrand, wobei man sich einem autorisierten Bergführer anschließen sollte. Beim Aufstieg spürt man die Zuckungen des Berges, der nach Art der Walfische ›atmet‹ und immer wieder mit einem gewaltigen Schnauben rote Lavafontänen ausstößt. Wer nachts am Kraterrand ausharrt, wird mit einem überwältigenden Erlebnis belohnt! Nur alle paar Jahre kommt es zu größeren Eruptionen, doch die Ruhe trügt: Niemand kann vorhersagen, ob der Riese nicht irgendwann mit todbringender Urgewalt ausbricht. Kritisch wird es nur, wenn der Berg einmal wochenlang nichts von sich hören lässt. Die letzte größere Katastrophe ereignete sich am 11. September 1930, als mehrere heftige Explosionen kurz hintereinander die Luft zerrissen. Tonnenschwere Gesteinsblöcke wurden durch die Luft geschleudert, während die glühende Lava Weinstöcke und Häuser unter sich begrub. Noch 20 Meter vom Ufer entfernt soll das Wasser gekocht haben. Die Insulaner hatten ihre Lebensgrundlage verloren und verließen Strómboli zu Hunderten, um aufs sichere Festland und nach Übersee auszuwandern. Erst der in den 1970er-Jahren einsetzende Vulkantourismus stoppte die Emigrationswelle.

Berühmt sind allerdings in erster Linie die Kapern von Salina – genau genommen die jungen, lange vor der Blüte geernteten Knospen des hübschen Strauchs. Die Kapern wachsen auf Salina in einer solchen Fülle, dass sie häufig gar nicht mehr alle geerntet werden können. Die blassblauen, manchmal auch zart rosa leuchtenden

▲ Favignana: verlassene Tuffsteinbrüche an der Cala Azurra ...

▼ ... betriebsamer Hafen

▲ Lévanzo: in der Grotta del Genovese

▼ Die Piazza Matrice ist den ganzen Tag lang der beliebteste Treffpunkt Favignanas

Trichter der blühenden Kapernsträucher setzen sich selbst in den kleinsten Mauerritzen und kahlsten Felsen fest, da sie kaum Wasser benötigen und auch größter Hitze problemlos standhalten.

Der Kapernstrauch ist jedoch nicht nur genügsam, sondern er könnte auch als erstaunlich ›fleißig‹ bezeichnet werden: Zwischen Mai und August bringt ein Strauch im wöchentlichen Abstand Ernten hervor. Anschließend werden die kleinen dunkelblaugrünen Knospen auf klassische Weise in großen Holzbottichen eingesalzen, wo sie schließlich ihren ganz unvergleichlichen Geschmack entwickeln.

Es gibt auch Varianten: Kapern in Essig, in Olivenöl, gelegentlich erinnern sie an bittere Mandeln. Für alle gilt der Grundsatz: Je kleiner, desto edler ist das Aroma. Als beste Knospe gilt die erbsengroße Nuciddo, die wie eine Haselnuss geformt ist. Nur die wenigsten wissen allerdings, dass diese kleinen Knospen auch als ein wichtiger Rohstoff für verschiedene kosmetische Produkte dienen. Zudem werden den Kapern heilende Kräfte bei Arthritis und Hautkrankheiten zugeschrieben.

▲ *Mit priesterlichem Segen …* ▼ *… legen Fischer von Favignana die Netze zur Mattanza aus*

Mattanza von Favignana

Die Ägadischen Inseln sind seit Menschengedenken ein bevorzugter Laichplatz des Tunfischs. Jedes Frühjahr warten die Fischer vor Favignana auf den silbrigglänzenden *Tonno*. Mit kilometerlangen Netzen und riesigen Reusen werden die zwischen den Inseln hindurchziehenden Tunfische erst einmal eingekesselt und anschließend geschickt in die so genannte ›Todeskammer‹ geleitet. Als einzige Reuse besitzt diese ein Bodennetz, sodass es für die Fische kein Entkommen mehr gibt – und die Mattanza, das Tunfischschlachten, beginnt: Zuerst holen die Fischer langsam die Netze ein. Dabei wirbeln die Fische in Todesangst durch das flache Bassin und werden dann in einem archaischen Spektakel mit Harpunen abgeschlachtet. Das Meer färbt sich rot, wenn die Männer den mehrere hundert Kilo schweren Tun mit ihren Haken aus dem Wasser wuchten.

Früher lebte die ganze Insel vom Tunfischfang, heute findet nur noch drei- bis viermal pro Jahr eine Mattanza statt. Jedes Mal mit priesterlichem Segen.

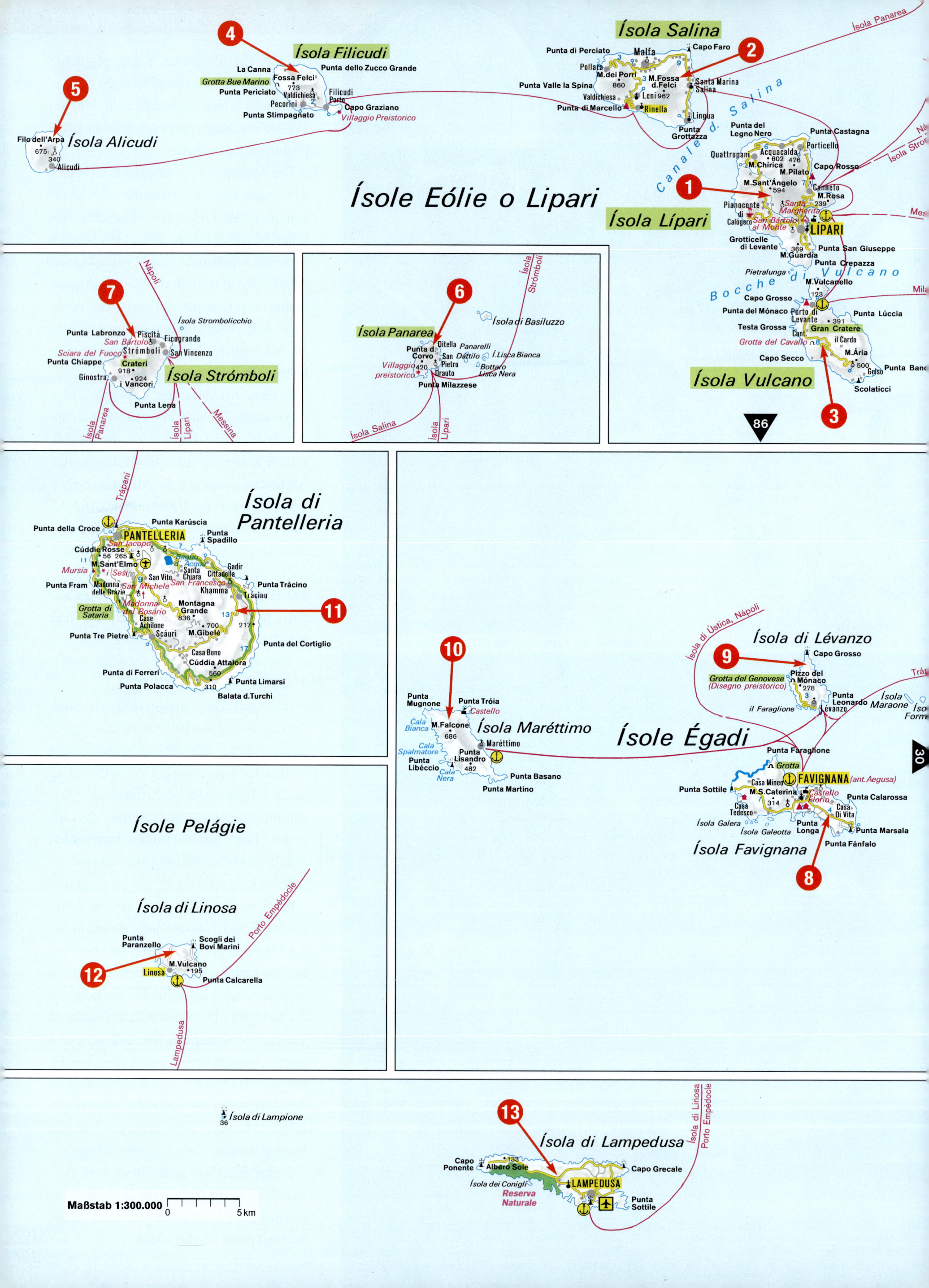
Ísole Eólie o Lipari
Ísola Salina
Ísola Filicudi
Ísola Alicudi
Ísola Lípari
Ísola Vulcano
Ísola Strómboli
Ísola Panarea
Ísola di Basiluzzo
Ísola Strombolicchio
Ísola di Pantelleria
Ísole Pelágie
Ísola di Linosa
Ísola di Lampedusa
Ísola di Lampione
Ísole Égadi
Ísola Maréttimo
Ísola di Lévanzo
Ísola Favignana
Filo dell'Arpa
Alicudi
La Canna
Grotta Bue Marino
Fossa Felci
Punta dello Zucco Grande
Punta Periciato
Valdichiesa
Pecorini
Filicudi Porto
Capo Graziano
Punta Stimpagnato
Villaggio Preistorico
Punta di Perciato
Malfa
Capo Faro
Pollara
M.dei Porri
M.Fossa d.Felci
Santa Marina Salina
Punta Valle la Spina
Leni
Valdichiesa
Punta di Marcello
Rinella
Lingua
Punta Grottazza
Canale d. Salina
Punta del Legno Nero
Punta Castagna
Quattropani
Acquacalda
Porticello
M.Chirica
M.Pilato
Capo Rosso
M.Sant'Ángelo
Canneto
M.Rosa
Pianoconte
Santa Margherita
Calógero
San Bartolo al Monte
LIPARI
Grotticelle di Levante
M.Guardia
Punta San Giuseppe
Punta Crepazza
Pietralunga
Bocche di Vulcano
M.Vulcanello
Capo Grosso
Punta del Mónaco
Porto di Levante
Punta Lúccia
Testa Grossa
Gran Cratere
Grotta del Cavallo
il Cardo
M.Ária
Capo Secco
Gelso
Scolaticci
Ísola Panarea
Ísola Strómboli
Messina
Nápoli
Punta Labronzo
Piscità
San Bártolo
Ficogrande
Sciara del Fuoco
Strómboli
San Vincenzo
Punta Chiappe
Crateri
Ginostra
i Vancori
Punta Lena
Ísola Lipari
Ditella
Panarelli
Punta d. Corvo
San Dáttilo
Í.Lisca Bianca
Villaggio preistorico
Pietro
Drauto
Bottaro
Lisca Nera
Punta Milazzese
Ísola Salina
86
Trápani
Punta della Croce
Punta Karúscia
PANTELLERIA
Punta Spadillo
San Jacopo
Cúddie Rosse
Bagno d.Acqua
Mursia
M.Sant'Elmo
i Sesi
Gadir
Santa Chiara
Cittadella
San Vito
San Francesco
Punta Trácino
Punta Fram
Madonna delle Grázie
San Michele
Khamma
Trácino
Madonna del Rosário
Montagna Grande
Grotta di Sataria
Case Achilone
M.Gibelé
Punta Tre Pietre
Scáuri
Punta del Cortiglio
Casa Bono
Cúddia Attalora
Punta di Ferreri
Punta Limarsi
Punta Polacca
Balata d.Turchi
Punta Paranzello
Scogli dei Bovi Marini
M.Vulcano
Linosa
Punta Calcarella
Porto Empédocle
Lampedusa
Ísola di Ústica, Nápoli
Capo Grosso
Grotta del Genovese (Disegno preistorico)
Pizzo del Mónaco
Punta Leonardo
Lévanzo
il Faraglione
Ísola Maraone
Ísola Formica
Trápani
Punta Mugnone
Punta Tróia
Castello
Cala Bianca
M.Falcone
Maréttimo
Cala Spalmatore
Punta Lisandro
Punta Libéccio
Cala Nera
Punta Basano
Punta Martino
Punta Faraglione
Grotta
Casa Mineo
FAVIGNANA (ant.Aegusa)
Punta Sottile
M.S.Caterina
Castello Florio
Punta Calarossa
Case Tedesco
Casa Di Vita
Ísola Galera
Ísola Galeotta
Punta Longa
Punta Marsala
Punta Fánfalo
30
Capo Ponente
Albero Sole
LAMPEDUSA
Capo Grecale
Ísola dei Conigli
Reserva Naturale
Punta Sottile
Ísola di Linosa
Porto Empédocle
Maßstab 1:300.000
0
5 km

Infos

Liparische Inseln ❶ – ❼

Nach Lípari, der bekanntesten und bevölkerungsreichsten Insel (knapp 10 000 Einw.), wird die Inselgruppe auch als die Liparische bezeichnet. Da heute weder Fischfang noch Landwirtschaft größeren Gewinn bringen, leben die meisten Inselbewohner vom Tourismus. Mit knapp zwei Dutzend Hotels sowie zahlreichen Privatunterkünften besitzt Lípari auch die größte Bettenkapazität, jährlich genutzt von über 400 000 Urlaubern, größtenteils Festlanditalienern. Der Boom hat auch eine Kehrseite: Auf den Inseln ist das Trinkwasser knapp, so dass täglich über 5000 Kubikmeter Wasser mit Tankschiffen herangeschafft werden müssen. Wahrscheinlich ist Lípari die älteste kontinuierlich bewohnte Siedlung Italiens. Ganz sicher ist es aber jene, die am längsten ihren Namen trägt: Vor 3300 Jahren wurde sie nach einem Kalabresen namens Liparos benannt. Schon in der Jungsteinzeit handelten die Menschen auf Lípari mit dem schwarzen vulkanischen Glasfluss, dem Obsidian, aus dem sich alles schlagen ließ, was Schärfe benötigt: Klingen, Messer, Speerspitzen und Beile.

Sehenswert: Die **Zitadelle** (16. Jh.) über dem Hafen von **Lípari** ❶ auf dem mächtigen, mehr als 50 m senkrecht aus dem Meer ragenden Felsen. Seine Schichten gaben reiche historische Funde frei, u. a. **San Bartolomeo**, einen normannischen Kreuzgang aus dem 12. Jh. Auf dem Burgfelsen befand sich bereits eine vorhistorische Siedlung, später nahmen Griechen und Römer von der strategisch günstigen Erhebung Besitz. Das **Museo Archeologico Eoliano**, Via del Castello, dokumentiert die Geschichte der Insel vom täglichen Leben bis zur Kunst. Selbst eine vulkanologische Abteilung fehlt nicht (Mo.–Sa. 9.00–13.30, So. nur bis 13.00, im Sommer auch tgl. 15.00–19.00 Uhr).

Salina ❷, die zweitgrößte der Liparischen Inseln, ist noch am stärksten von der Landwirtschaft geprägt. Neben Kapern werden an den grünen Hügeln auch Wein und Obst angebaut. Bekannt ist der Malvasia, ein aromatischer Dessertwein. Im Juni findet in Pollara die **Sagra del Cappero** statt, das Kapern-Erntedankfest.

Vulcano ❸ lässt sich auch mit geschlossenen Augen am scharfen Geruch der Schwefeldämpfe erkennen. Jedes Jahr kommen zigtausende Menschen, um in dem von heißen Schwefelgasen erhitzten Schlamm ein kostenloses Bad zu nehmen. Vulcano besitzt zwei Krater: Zu dem **Gran Cratere** gesellte sich 183 v. Chr. noch der **Vulcanello**; beide sind seit Jahrhunderten durch eine Landbrücke miteinander verbunden.

Auf **Filicudi** ❹ gibt es einen antiken Schiffsfriedhof und die Überreste eines bronzezeitlichen Hüttendorfes am **Capo Graziano** zu besichtigen. Fahrzeuge sind hier völlig überflüssig, da sich auf dem 300-Einwohner-Eiland nur eine einzige, sieben Kilometer lange Straße befindet.

Alicudi ❺ liegt ganz im Westen des Archipels. Touristisch kaum erschlossen, sind die Besucherzahlen auch in der Hochsaison gering. Kaum 100 Menschen leben auf dem kleinen, autofreien Eiland. Wer die Einsamkeit kennen lernen und im einzigen Hotel der Insel absteigen will, darf sich von den hohen Übernachtungspreisen nicht schrecken lassen.

Panarea ❻ gilt als die Insel der Millionäre, denn viele reiche Italiener besitzen auf der mit 3,4 qkm kleinsten Liparischen Insel ein Ferienhaus. Neben Abstechern zu den Zeugnissen der antiken Zivilisation ist es auf Panarea auch möglich, die heißen Quellen für therapeutische Zwecke zu nutzen.

Strómboli ❼ ist das Feuereiland. In regelmäßigen Abständen schießen Magmafontänen in die Luft, und glühende Lava rauscht den Berg hinab. Ein besonderes Flair verspricht ein langer Strand aus schwarzem Lavasand, der sich südlich von Scari erstreckt. Zum Pflichtprogramm gehört eine Wanderung zum Vulkan. Vor allem nachts ist ein Blick in den Feuer speienden Krater ein fantastisches Erlebnis. Um unnötige Gefahren auszuschließen, ist es ratsam, sich einem kundigen Führer anzuschließen (Guida al Cratere, Piazza San Vincenzo, Tel. 090 98 62 11).

Aktivitäten: Segeln, Baden, Tauchen, Surfen, Wandern.

Anreise zu den Liparischen Inseln: Lípari ist das Drehkreuz für alle Schiffsverbindungen mit dem Festland (Milazzo, Cefalù, Neapel, Palermo nur im Sommer) und zu allen Liparischen Inseln.

ⓘ AAST, Corso Vittorio Emanuele 202, I-98055 Lípari, Tel. 090 9 88 00 95, www.aasteolie.info

Ägadische Inseln ❽ – ❿

Westlich von Trápani liegen die Ägadischen Inseln: Favignana, Lévanzo und Maréttimo. Seit Urzeiten sind die Ägadischen Inseln ein Zentrum des Tunfischfangs, drei- bis viermal im Frühjahr findet die Mattanza statt.

Sehenswert: Favignana ❽ ist eine besonders beliebte Ferieninsel. In den Sommermonaten leben zeitweise bis zu 30 000 Menschen auf dem Eiland, im Winter schrumpft die Bevölkerung auf 3700 Seelen. Der gleichnamige Hauptort besitzt eine schöne Altstadt. Landschaftlich attraktiv sind die alten verlassenen Tuffsteinbrüche. Um die einsamsten Badestrände und die nur zum Meer hin geöffneten Grotten zu erreichen, macht man am besten eine Bootstour.

Auf der Nachbarinsel **Lévanzo** ❾ (300 Einw.) findet man in der **Grotta del Genovese** vorgeschichtliche Höhlenmalereien.

Das bergige, unzugängliche **Marettimo** ❿ ist im Gegensatz zu Favignana touristisch noch ziemlich unerschlossen und liegt ganz im Westen der Inselgruppe.

Aktivitäten: Segeln, Baden, Tauchen, Surfen und Radfahren.

Anreise zu den Ägadischen Inseln: Schiffsverbindungen mit Trápani und Marsala (nur im Hochsommer).

Pantelleria ⓫

Pantelleria, die ›Tochter des Windes‹, ist ein Reiseziel für Individualisten. Und dies, obgleich das von dem 836 m hohen Vulkankrater Montagna Grande dominierte Eiland ein faszinierendes Landschaftserlebnis zu bieten hat.

Sehenswert: Neben einem grünblauen Salzsee und steinzeitlichen Grabmälern gibt es auch Meeresgrotten, in denen Thermalquellen entspringen. Die 7000 Einwohner zählende Inselhauptstadt mit ihrer mittelalterlichen Festung heißt ebenfalls Pantelleria.

Aktivitäten: Segeln, Baden, Tauchen, Surfen.

Anreise: Fähr- und Flugverbindungen von/nach Trápani.

Pelagische Inseln ⓬ – ⓭

Zu den Pelagischen Inseln vor der Südküste gehören Lampedusa, Linosa und das unbewohnte Lampione.

Sehenswert: Das kleine **Linosa** ⓬ kann mit fünf erloschenen Vulkanen aufwarten. Die Insel besitzt außerhalb des gleichnamigen Hauptortes keine asphaltierten Straßen.

40 km südlich von Linosa entfernt liegt **Lampedusa** ⓭, die bedeutendste Insel des Archipels. Die rund 5000 Inselbewohner leben größtenteils vom Fischfang. Die Küste ist weitgehend felsig und wird wegen ihrer faszinierenden Unterwasserwelt gern betaucht, doch gibt es auch einige Badestrände. Wiederholt in die Schlagzeilen geriet Lampedusa, nur 150 km von Tunesien entfernt, als begehrtes Ziel illegaler Einwanderer aus den Maghrebstaaten, die in kleinen Booten die Überfahrt wagen.

Aktivitäten: Segeln, Baden, Tauchen, Surfen.

Anreise zu den Pelagischen Inseln: Schiffsverbindungen von Porto Empédocle und Trápani sowie Flugverbindungen von Lampedusa nach Palermo.

Festa della Madonna Assunta in Messina: Folkloregruppen zeigen sizilianisches Brauchtum

Anreise

Auto: Entweder über Rom und Neapel nach Réggio di Calábria oder mit dem Schiff ab Genua (20 Std. mit Grandi Navi Veloci), Livorno oder Neapel.

Bahn: Via Bologna und Rom nach Messina.

Flugzeug: Über die internationalen Flughäfen von Palermo oder Catánia.

Auskunft

Internet: Viele Themen und gute Links finden Sie unter den folgenden Internetadressen. www.enit.it, www.regione.sicilia.it, www.italianita.de, www.sicilia.indettaglio.it, www.sicilia.com, www. apt.sicilia.it, www.camping.it

In Deutschland: Staatliches Italienisches Fremdenverkehrsamt ENIT: 80336 München, Goethestr. 20, Tel. 089 5313 17, Fax 53 45 27, enit-muenchen@t-online.de; 60329 Frankfurt/M., Kaiserstr. 65, Tel. 069 23 74 30, Fax 23 28 94, enit.ffm@t-online.de; 10178 Berlin, Karl-Liebknecht-Str. 34, Tel. 030 2 47 83 98, Fax 2478399, enit-berlin@t-online.de; für Prospektbestellungen gibt es in Deutschland eine Servicenummer: Tel. 0080000482542.

In Österreich: ENIT, A-1010 Wien, Kärntner Ring 4, Tel. 01/5051639, Fax 5050248, delegation.wien@enit. at.

In der Schweiz: : ENIT, CH-8001 Zürich, Uraniastr. 32, Tel. 01/2113633, Fax 2113885, enit@bluewin.ch.

In Sizilien: Assessorato Regionale del Turismo, Via E. Notarbartolo 9, I-90141 Palermo, Tel. 0039/091/6968100, Fax 6968135. Die Fremdenverkehrsämter der Provinzen (AAPIT) oder Ferienorte (AAST) halten ausführliches Infomaterial bereit. Gebührenfreies Service-Telefon in Italien: 800 1177 00.

Autofahren

Durch das gut ausgebaute Straßennetz sind auch abgelegene Orte problemlos zu erreichen.

Autovermietung: Filialen der großen Leihwagen-Agenturen gibt es an den Flughäfen von Palermo und Catánia (Buchung im Heimatland meist günstiger). Für die Kaution ist eine Kreditkarte unverzichtbar.

Parken: Im geparkten Auto keine Wertgegenstände zurücklassen, bei Fahrten in Palermo und Catánia Fenster geschlossen halten und Türen verriegeln.

Gebühren: Die Autobahn zwischen Messina und Palermo sowie zwischen Messina und Catánia ist gebührenpflichtig.

Essen und Trinken

Die traditionelle sizilianische Küche ist bodenständig, eine Küche der Armen, die es verstanden haben, aus einfachen Zutaten wie Kapern, Hirse, Kirchererbsen, Schnecken, Olivenöl sowie dem obligatorischen Thymian und Rosmarin delikate Gerichte zu zaubern. Gleichzeitig ist diese Küche so vielfältig wie die Völker, die die Insel im Laufe der Jahrhunderte geprägt haben.

Speisen: Einzig das Frühstück ist wie in allen mediterranen Ländern eher dürftig und besteht aus einem Caffè Latte oder Cappuccino und einem Hörnchen (Cornetto). Zum Mittagessen, aber vor allem zum Abendessen wird erwartet, dass man drei Gänge bestellt, wobei ein abwechslungsreiches, landestypisches Angebot zur Auswahl steht. Als Zwischenmahlzeit locken Pizzastücke oder *Arrancine*, kleine frittierte Reisbällchen, die mit Gemüse oder Fleisch gefüllt sind. Eine beliebte sizilianische Vorspeise ist die kalt servierte Caponata, die aus Auberginen, Tomaten, Sellerie, Kapern, Oliven und Sardellen zubereitet wird.

Selbstverständlich dürfen Nudeln auf keiner Speisekarte fehlen. Das sizilianische Nationalgericht ist *Pasta con le Sarde*, Nudeln – zumeist Spaghetti – mit Sardellen, wildem Fenchel, Pinienkernen und Rosinen. In Catánia heißen die Nudeln mit Auberginen – Bellini zu Ehren – *Pasta alla Norma*. Eine optische

Sizilianische Spezialität: Pasta alla Norma

Herausforderung stellt die *Pasta alle seppie nere* dar, die ihre dunkle Färbung durch den schwarzen Saft der Tintenfische erhält. Die arabische Vergangenheit lebt im Südwesten Siziliens im *Cuscus* fort, wobei der Hartweizengries zumeist mit Fisch, seltener mit Fleisch zubereitet wird.

An Meeresfrüchten ist an erster Stelle der Schwertfisch (*Pesce spada*) zu nennen, der, traditionell zubereitet, zusammen mit Oliven, Tomaten, Zwiebeln und Kapern in Öl gesotten wird. Seltener wird frischer Tunfisch (*Tonno*) serviert, da der größte Teil des Fangs exportiert wird. Hinzu kommen – je nach Lust oder Laune – Tintenfische, Meerbarben, Stockfisch oder Langusten.

Reisedaten Sizilien

Flug von Deutschland	Inlandsverkehr	Reisepapiere	Devisen	Mietwagen	Benzin	Hotel	Pension	Menü à la carte	Einfaches Essen	Ortszeit
Frankfurt/M. – Palermo und zurück ab 250 €	Busfahrt Palmero – Catánia ca. 12 €	Personalausweis oder Reisepass	Sizilien gehört zur ›Euro‹-Zone	ab 280 € pro Woche bei Buchung in Deutschland	1 l Super ca. 1,10 €	DZ im Mittelklassehotel ab 60 € im Luxushotel ab 150 €	im DZ mit Etagenbad ab 40 €	Mit Getränk ca. 25–50 €	Tellergericht ab 8 €	MEZ

Als Dessert bietet sich natürlich Eiscreme an, die ihren Ursprung in Sizilien hat. Eine Köstlichkeit ist die *Cassata Siciliana*, eine Schichttorte aus Biskuit und Ricotta mit kandierten Früchten und Schokoladen-, Zimt- oder Vanillegeschmack.

Getränke: Ein idealer Begleiter zum Essen ist ein sizilianischer Wein. In der jüngsten Vergangenheit haben die sizilianischen Produkte deutlich an Renommee gewonnen. Zu den beliebtesten Weinen zählt der ›Corvo‹, den es als Weiß- und Rotwein gibt. Erfrischende Tropfen sind der ›Regaleali‹ sowie der ›Rapitalà‹. Wer vollmundige schwere Rotweine liebt, wird von einem tief dunkelroten ›Etna Rosso‹ begeistert sein, dessen Aroma von der Vulkanerde an den Ätnahängen geformt wird. Als Dessertwein ist natürlich der trockene ›Marsala‹ ein Klassiker.

Feiertage

1. Jan. (Neujahr/Capodanno), 6. Jan. (Dreikönigsfest/Epifania), Ostermontag (Lunedi dell'Angelo), 25. April (Tag der Befreiung vom Faschismus/La Liberazione), 1. Mai (Tag der Arbeit/Festa del Lavoro), 15. Aug. (Mariä Himmelfahrt/Ferragosto), 1. Nov. (Allerheiligen/Ognissanti), 8. Dez. (Maria Empfängnis/L'Immacolata), 25./26. Dez. (Weihnachten/Santo Stefano).

Kreditkarten

Kreditkarten, vor allem Visa und Eurocard, werden in den meisten Hotels und Restaurants akzeptiert. Mit ec-Karte und Geheimnummer kann man an fast jedem Bankautomaten (Bancomat) problemlos Geld abheben.

Notruf

In ganz Italien gelten folgende Notrufnummern: 112 für die Carabinieri, 113 für den ärztlichen Notdienst sowie 116 für die Pannenhilfe.

Öffentliche Verkehrsmittel

Bahn/Bus: Zwischen den größeren Städten häufiger Verkehr. In manchen Orten, z.B. in Taormina, ist man auf Bus oder Taxi angewiesen, um ins Zentrum zu gelangen. Faszinierend ist eine Tour mit der privaten Schmalspurbahn Ferrovia Circumetnea, die, in Catánia startend, den Ätna in 3,5 Std. umrundet. Zugtickets sind preiswert. Achtung: stets vor Fahrtantritt entwerten. Im Westen und Süden ist das Eisenbahnnetz weniger gut ausgebaut; diese Lücke im öffentlichen Nahverkehr schließen aber staatliche und private Busse. Jede Stadt besitzt einen Busbahnhof (Autostazione).

Fähren: Zu den Liparischen und Ägadischen Inseln sowie nach Ústica, Pantelleria, Lampedusa regelmäßig Autofähren und Tragflügelboote.

Restaurants (eine Auswahl)

Preise:

€€€	Hauptspeisen	ab 25 €
€€	Hauptspeisen	15–25 €
€	Hauptspeisen	bis 15 €

Agrigent: €€€ **Le Caprice**, Via Panoramica dei Templi 51, Agrigent, Tel. 0922 2 64 69. Kulinarische Oase in gepflegter rustikaler Atmosphäre mit Blick auf das Tal der Tempel. Fr und im Okt. geschl.

Catánia: € **Casalinga da Nino**, Via Biondi 19, Catánia, Tel. 095 31 13 19. Bei Einheimischen beliebte Trattoria, traditionelle sizilianische Küche. Die richtige Adresse für Sardinen a beccafico oder eine vorzügliche Pasta alla Norma. So. und im Aug. geschl.

Cefalù: €€ **La Brace**, Via XXV Novembre 10, Cefalù, Tel. 0921 42 35 70. Gemütliches Restaurant im Schatten des Doms. Probieren sollte man die gebackenen Zucchiniblüten und den gegrillten Seebarsch. Mo. geschl.

Donnafugata: € **Al Castello**, Viale del Castello, Donnafugata, Tel. 0932 61 92 20. Direkt neben dem Schloss bietet die Trattoria sizilianische Hausmannskost. Mo. geschl.

Érice: €€ **Monte San Giuliano**, Vicolo San Rocco 7, Érice, Tel. 0923 86 95 95. Das anerkanntermaßen beste Restaurant in dem Bergdorf. Freundlicher, unaufdringlicher Service. Mo. geschl.

Letojanni: €€ **Da Peppe**, Via Vittorio Emanuele 345, Letojanni, Tel. 0942 3 61 59. Nicht alltägliches, von einem extrovertierten Künstlerwirt geführtes Restaurant mit Schwerpunkt Fischküche. Kein Ruhetag.

Lípari: €€€ **Filippino**, Piazza Municipio 2–10, Lípari, Tel. 090 9 81 10 02. Das beste und traditionsreichste Restaurant auf Lípari (seit 1910). Umsichtiger, stets freundlicher Service, große, schattige Straßenterrasse. Mo. geschl.

Marsala: €€ **Garibaldi**, Piazza dell'Addolorata 35, Marsala, Tel. 0923 95 30 06. Ein kulinarischer Höhepunkt im Südwesten. Faszinierendes Vorspeisenbuffet. Mo. geschl.

Módica: €€ **Taverna Nicastro**, Via Sant'Antonio 28, Módica, Tel. 0932 94 58 84. Die alteingesessene Trattoria ist bekannt für ihre ausgezeichnete selbst gemachte Pasta und ihre Lammgerichte. So./Mo. geschl.

Garten Eden: Ernte der Kaktusfrüchte

Noto: € **Trattoria del Carmine**, Via Ducezio 9, Noto, Tel. 0931 83 87 05. Einladende Trattoria mit einem ausgezeichneten Preis-Leistungs-Verhältnis. Mo. geschl.

Palermo: €€€ **Hosteria di Vespri**, Piazza Croce di Vespri 6, Palermo, Tel. 091 6 17 16 31. Osteria mitten im historischen Zentrum. Leckere Fischgerichte, z. B. Calamaretti al forno. So. und im Nov. geschl.

€ **Antica Focacceria San Francesco**, Via Alessandro Paternostro 58, Palermo, Tel. 091 32 03 64. Palermos Traditionsimbiss mit Jugendstilflair, spezialisiert auf Focacce und Arancini. Mo. geschl.

€ **Shanghai**, Vicolo dei Mezzani 34, Palermo, Tel. 091 58 97 02. Stimmungsvolles und zumeist gut besuchtes Restaurant, von der Terrasse blickt man auf die Vucciría, Palermos berühmtesten Markt. Schwerpunkt Fisch. Mi. geschl.

Ragusa: €€ **Il Barocco**, Via Orfanotrofio 29, Ragusa, Tel. 0932 65 23 97. Das Restaurant im historischen Ragusa Ibla versteht sich auch auf leckere Pizze aus dem Holzofen. Mi. geschl.

San Vito lo Capo: €€ **Alfredo**, Contrada Valanga 6, San Vito lo Capo, Tel. 0923 97 23 66. Delikat zubereitete Fischgerichte. Mo. geschl.

Sciacca: €€€ **Hostaria del Vicolo**, Vicolo Sammaritano, Sciacca, Tel. 0925 2 30 71. Elegante Osteria mit phantasiereicher Küche. Mo. geschl.

Syrakus: €€€ **Minosse**, Via Mirabella 6, Syrakus, Tel. 0931 66366. Der Feinschmeckertempel in Syrakus, traditionelle Küche, vorzügliche Antipasti. Mo. und im Nov. geschl.

Taormina: €€€ **Maffei's**, Via San Domenico de Guzman 1, Taormina, Tel. 0942 2 40 55. Anspruchsvolle Küche in distinguiertem Ambiente, Terrasse. Di. geschl.

Sandbänke von Tindári an der Nordost-Küste

€€ **Grotta Azzurra**, Via Bagnoli Croci 2, Taormina, Tel. 0942 24163. In dem kleinen, freundlich geführten Restaurant legt man Wert auf fangfrischen Fisch. Reichhaltiges Vorspeisenbuffet. Kein Ruhetag.

Trápani: €€ **Trattoria del Porto**, Via Ammiraglio Staiti 45, Trápani, Tel. 0923 547822. Arabisch angehauchte Fischküche direkt am Hafen. Mo. geschl.

SPORT

Baden: Wassertemperaturen an den Küsten die Hälfte des Jahres um die 20 Grad. Besonders gute Wasserqualität vor den Stränden von San Vito lo Capo, dem benachbarten Zingaro-Naturschutzpark sowie vor den Liparischen und Ägadischen Inseln. Gepflegter Sandstrand mit schöner Kulisse in Cefalù. Wenig überlaufen die Strände von San Leone bei Agrigent und an der Küste rund um Marina di Ragusa. Typisch sizilianisches Strandleben in Mondello, dem Hausstrand der Palermitaner.

Golf: Bei Castiglione di Sicilia (18 Loch), ca. 30 Autominuten von Taormina.

Segeln, Surfen: Fast überall an der Küste; auf den Liparischen und Ägadischen Inseln.

Skilaufen: An der Nordseite des Ätna und in den Madonie problemlos möglich.

Tauchen: Beliebt: die Liparischen Inseln, Ústica.

Wandern: Wanderkarten und Wegmarkierungen gibt es bisher wenig, doch in den drei großen Naturparks Ätna, Madonie und Nebrodi finden Sie Wege aller Schwierigkeitsgrade.

TELEFON

Vorwahl nach Italien 0039, dann die 0 von der Ortsvorwahl mitwählen. Von Italien Vorwahl 0049 für Deutschland, 0041 für die Schweiz, 0043 für Österreich, dann die Ortsvorwahl ohne 0. Es empfiehlt sich der Kauf einer Telefonkarte, erhältlich bei der Post und in Tabakgeschäften.

UNTERKUNFT (EINE AUSWAHL)

Preise:

€€€€	Doppelzimmer	über 100 €
€€€	Doppelzimmer	unter 100 €
€€	Doppelzimmer	unter 75 €
€	Doppelzimmer	unter 50 €

Im Allgemeinen entsprechen die Unterkünfte dem südeuropäischen Standard, nur im Inselinneren sind gut ausgestattete Hotels rar. Viele Hotels haben in den Wintermonaten geschlossen.

Agrigent: €€€€ **Baglio della Luna**, Contrada Maddalusa, Agrigent, Tel. 0922 511061. Mittelalterliches Herrschaftshaus.

Castel di Tusa: €€€ **Museo Albergo l'Atelier sul Mare**, Via Cesare Battisti 4, Castel di Tusa, Tel. 0921 334295. Ideale Unterkunft für Liebhaber moderner Kunst. Am Strand.

Catánia: €€€ **Central Palace**, Via Etnea 218, Catánia, Tel. 095 325344. Mitten im lebendigen Zentrum. Hotelgarage.

Cefalù: €€€ **Le Calette**, Via V. Cavallaro, Cefalù, Tel. 0921 424144. Komfortables Ferienhotel. Großer Swimmingpool, eigener Strand.

Enna: €€ **Grande Albergo Sicilia**, Piazza N. Colajanni, 5, Enna, Tel. 0935 500850. Das einzige Hotel in Enna, zentral.

Érice: €€€ **Moderno**, Via Vittorio Emanuele 75, Érice, Tel. 0923 869300. Viel Komfort, mitten im Zentrum gelegen.

Giardini-Naxos: €€ **Villa Mora**, Via Naxos 47, Giardini-Naxos, Tel. 0942 51839. Kleine, angenehme Hotelpension.

Messina: €€€ **Royal Palace**, Via T. Cannizzaro Is. 224, Messina, Tel. 090 6503. Komfortables Hotel unweit des Fährhafens.

Noto: € **Stella**, Via Nuova Aurispa 58, Noto, Tel. 0931 835695. Unspektakulär, aber ordentlich geführt.

Palermo: €€€ **Grand Hotel des Palmes**, Via Roma 398, Palermo, Tel. 091 6028111. Stilvolle Unterkunft im Herzen Palermos.

Ragusa: €€€ **Rafael**, Corso Italia 40, Ragusa, Tel. 0932 654080. Ansprechende Herberge.

Salina: €€€ **Signum**, Via Scalo 15, Malfa, Tel. 090 9844222. Traumhafte Herberge.

Syrakus: €€€€ **Grand Hotel Villa Politi**, Via M. Politi Laudien 2, Syrakus, Telefon 0931 412121. Villa mit Swimmingpool.

Taormina: €€ **Villa Schuler**, Piazzetta Bastione, Taormina, Tel. 0942 23481. Vergleichsweise günstig mit schönem Garten.

€€€€ **Grand Hotel Timeo**, Via Teatro Greco 59, Taormina, Tel. 0942 23801. Direkt neben dem Amphitheater gelegen.

Valderice: €€€ **Baglio Santa Croce**, Contrada Santa Croce, Valderice, Tel. 0923 891111. Restaurierter Landsitz zu Füßen von Érice.

VERANSTALTUNGEN UND BRÄUCHE

Jan.: Dreikönigsfest nach orthodoxem Ritus in Piana degli Albanesi.

Febr.: Fest der Mandelblüte in Agrigent; Fest der hl. Agathe in Catánia.

März/April: Zu Ehren des Inselheiligen San Giuseppe wird in ganz Sizilien am 18. März oder dem darauffolgenden So. ein Fest gefeiert; Carnevale auf der ganzen Insel (bis April). Gründonnerstagsprozession in Marsala und Caltanissetta; Karfreitagsprozessionen in Alcamo, Cefalú, Enna, Érice, Gela, Trápani; Ostersonntag: Tod und Teufel ziehen durch Prizzi; Fest des hl. Georg in Ragusa (25. April).

Mai/Juni: Windsurf World Festival in Mondello (Mai); Saluto della Primavera in Noto (Nacht zum 3. Mai–So.); Klassische Tragödien im Antiken Theater von Syrakus (gerade Jahre); Fest des hl. Kreuzes, Monreale; San Battista in Marsala (24. Juni); Fest des hl. Paulus in Palazzolo Acréide (29. Juni); Taucherfestival auf der Isola di Ústica (Juni).

Juli: Taormina Arte im Antiken Theater von Segesta (bis Sept.); U Fistinu di Santa Rosalia in Palermo (14.–15. Juli). Theaterfestspiele Orestiade in Gibellina; Feste di Persefone im Tal der Tempel in Agrigent; Fest der Schutzpatronin in Enna; Musikfest in San Vito lo Capo; La Luminaria in Caltagirone (24.–25. Juli); Luglio Musicale Trapanese in Trápani (bis Sept.); ›Musik und Sommer‹ in Catánia.

Aug.: Palio dei Normanni in Piazza Armerina (13./14.); Festa della Madonna Assunta in Messina (15. Aug.); Spettacoli Classici in Segesta (ungerade Jahre); Lu Fistinu di San Vito in Mazara del Vallo (2.–3. Aug.); Fest des hl. Johannes in Ragusa (27., 29. Aug.).

Sept.: Festa di S. Rosalia in Palermo (4.); Festa di Madonna Neri in Tindári (7./8.); Fest des Erzengels Michael und Folklorefest in Caltanissetta; Pferderennen in Syrakus.

Okt.: Festival del Novecento in Palermo.

Dez.: Das schönste Silvesterfeuerwerk Siziliens erhellt den Himmel von Taormina; Musikfest in Érice; Internationale Woche der Kirchenmusik, Monreale; Fest der hl. Lucia, Syrakus.

Palermo	Tages-temp.	Nacht-temp.	Wasser-temp.	Tage mit Nieder-schlag	Sonnen-stunden pro Tag
Januar	15°	8°	14°	10	4
Februar	16°	8°	14°	10	5
März	18°	9°	14°	9	6
April	20°	11°	15°	6	7
Mai	24°	14°	17°	3	9
Juni	28°	18°	21°	2	10
Juli	30°	20°	24°	1	11
August	30°	21°	26°	2	10
September	28°	19°	24°	4	8
Oktober	24°	16°	22°	8	6
November	21°	12°	19°	9	5
Dezember	17°	9°	16°	11	4

Durchschnittswerte — Quelle: Deutscher Wetterdienst, Hamburg

Register

Fett gedruckte Ziffern verweisen auf Abbildungen.

Impressum

2. aktualisierte Aufl. 2005
Verlag: HB Verlag, Marco-Polo-Zentrum, 73760 Ostfildern, Postfach 3151, 73751 Ostfildern, Tel. 0711/4502-0, Fax 0711/4502-135, www.hb-verlag.de, info@bildatlas.de
Geschäftsführer: Dr. Thomas Brinkmann, Dr. Stephanie Mair-Huydts

Chefredaktion und Programmleitung: Rainer Eisenschmid, Birgit Borowski
Redaktion, dtp: Robert Fischer (www.vrb-muenchen.de)
Text: Ralf Nestmeyer, Nürnberg
Exklusiv-Fotografie: Stefan Feldhoff und Anne Christine Martin, Köln
Zusätzliches Bildmaterial: laif/Celentano, S. 18/19
Grafische Konzeption: CYCLUS · Visuelle Kommunikation, Stuttgart
Layout: Rolf Bünermann, Gütersloh
Kartografie: © MAIRDUMONT GmbH & Co. KG, Ostfildern
HB Bildatlas Fotoservice: HB Verlag, Marco-Polo-Zentrum, 73760 Ostfildern, Tel. 0711/4502-266, Fax 0711/4502-1006, a.nebel@mairdumont.com

Für die Richtigkeit der in diesem HB Bildatlas angegebenen Daten – Adressen, Öffnungszeiten, Telefonnummern usw. – kann der Verlag keine Garantie übernehmen. Nachdruck, auch auszugsweise, nur mit vorheriger Genehmigung des Verlages. Erscheinungsweise: monatlich.

Anzeigenalleinverkauf: KV Kommunalverlag GmbH & Co. KG, MediaCenterMünchen, Postfach 810565, 81905 München, Tel. 089/928096-44/-52, Fax 089/928096-62, kramer@kommunal-verlag.de, www.mediacentermuenchen.de
Vertrieb Zeitschriftenhandel: Partner Pressevertrieb GmbH, Postfach 810420, 70521 Stuttgart, Tel. 0711/7252-227, Fax 0711/7252-310
Vertrieb Abonnement: Zenit Pressevertrieb GmbH, Postfach 810640, 70523 Stuttgart, Tel. 0711/7252-265, Fax 0711/7252-333, hbverlag@zenit-presse.de
Vertrieb Buchhandel und Einzelhefte: MAIRDUMONT GmbH & Co. KG, Marco-Polo-Zentrum, 73760 Ostfildern, Tel. 0711/4502-0, Fax 0711/4502-340
Reproduktionen: Otterbach Medien KG GmbH & Co., Rastatt
Druck und buchbinderische Verarbeitung: Echter Druck GmbH, Würzburg. Printed in Germany

ISBN 3-616-06135-0

Zeichenerklärung

Lieferbare Ausgaben

HB Bildatlas

Deutschland

227 Allgäu
198 Altmühltal
204 Bayerischer Wald
235 Berlin
235 Berlin (englische Ausgabe)
185 Bodensee
111 Brandenburg
178 Chiemgau · Berchtesgadener Land
274 Dresden · Sächsische Schweiz
256 Eifel · Aachen
260 Elbe und Weser · Bremen
171 Erzgebirge · Vogtland · Chemnitz
190 Fichtelgebirge · Frankenwald · Coburger Land
242 Frankfurt · Taunus · Rheingau
269 Fränkische Schweiz
253 Hamburg
253 Hamburg (englische Ausgabe)
73 Hannover · Braunschweiger Land
263 Harz
188 Hessisches Bergland
234 Hunsrück · Naheland · Rheinhessen
233 Leipzig · Halle · Magdeburg
209 Lüneburger Heide
137 Mainfranken
179 Mecklenburgische Seen
240 Mecklenburg-Vorpommern
151 Mittelfranken
249 Mosel
165 München
255 Münsterland · Münster
159 Nordseeküste Schleswig-Holstein
196 Oberbayern zwischen Lech und Inn
271 Odenwald · Bergstraße
219 Osnabrücker Land · Emsland · Oldenburger Münsterland · Grafschaft Bentheim
155 Ostbayern zwischen Donau und Inn
211 Ostfriesland · Oldenburger Land
168 Ostseeküste Mecklenburg-Vorpommern
277 Ostseeküste Schleswig-Holstein
215 Pfalz
194 Potsdam · Havelland
243 Rhein zwischen Köln und Mainz
208 Rügen · Usedom · Hiddensee
161 Saarland
258 Sachsen
114 Sachsen-Anhalt
268 Sauerland
200 Schwäbische Alb
266 Schwarzwald · Norden
214 Spreewald · Lausitz · Märkisch-Oderland
247 Südlicher Schwarzwald
224 Sylt · Amrum · Föhr
182 Tauber und Neckar · Stuttgart · Heilbronn · Rothenburg
173 Teutoburger Wald · Ostwestfalen
261 Thüringen
141 Thüringer Wald
202 Trier
237 Weserbergland

Benelux

246 Amsterdam
187 Flandern · Brüssel
62 Luxemburg
275 Niederlande

Frankreich

160 Atlantikküste
278 Bretagne
217 Burgund
225 Côte d'Azur · Monaco
222 Elsass
221 Korsika
132 Normandie
229 Paris
192 Provence
184 Südfrankreich · Languedoc-Roussillon

Griechenland

193 Athen · Peloponnes
140 Griechische Inseln: Kykladen
189 Korfu · Ionische Inseln
228 Kreta
104 Rhodos · Dodekanes
166 Zypern

Grossbritannien · Irland

158 Irland
197 Kanalinseln
175 London
231 Nordengland
144 Schottland
241 Südengland
216 Wales

Italien · Malta · Kroatien

195 Adriaküste · Emilia-Romagna
239 Gardasee · Trentino
156 Golf von Neapel · Kampanien
265 Italienische Riviera
238 Kroatische Adriaküste
254 Malta
210 Mittelitalien: Marken · Umbrien · Abruzzen
270 Oberitalienische Seen · Mailand
230 Piemont · Aostatal
226 Rom
264 Sardinien
232 Sizilien
201 Süditalien: Apulien · Basilikata
207 Südtirol
267 Toskana
181 Venedig · Venetien · Friaul · Triest

Mittel- und Osteuropa

164 Böhmen
280 Bulgarien
148 Danzig · Ostsee · Masuren
248 Prag
152 St. Petersburg
244 Südpolen

Österreich

162 Burgenland
170 Kärnten
199 Niederösterreich · Wachau
218 Oberösterreich
220 Salzburger Land · Salzkammergut · Salzburg
174 Tirol
206 Wien

Schweiz

154 Basel · Bern · Aargau · Solothurn
172 Tessin
191 Westschweiz

Spanien · Portugal

236 Algarve · Lissabon
223 Andalusien
150 Costa Blanca
262 Costa Brava · Barcelona
176 Gran Canaria · Fuerteventura · Lanzarote
213 Ibiza · Formentera · Menorca
259 Kanarische Inseln
245 Lanzarote
212 Mallorca
203 Nordportugal
205 Nordspanien
177 Teneriffa · La Palma · Gomera · Hierro

Skandinavien

183 Bornholm
279 Dänemark
186 Jütland
180 Nordnorwegen
276 Norwegen · Süden
169 Südfinnland · Helsinki
250 Südschweden · Stockholm

Türkei

252 Türkische Mittelmeerküste

Außereuropäische Ziele

273 Australien Osten · Sydney
251 Kanadas Westen
272 New York
257 Südafrika

HB Bildatlas Special

Afrika · Naher Osten

67 Ägypten
64 Arabien: V. A. Emirate · Oman · Kuwait · Qatar · Bahrain
52 Indischer Ozean: Madagaskar · Mauritius · La Réunion · Seychellen · Komoren
72 Marokko
61 Namibia
71 Tunesien · Libyen

Australien · Ozeanien

45 Australien: Westen
18 Neuseeland
38 Südsee

Europa

54 Madeira · Azoren · Kapverden

Süd- und Südostasien · Ferner Osten

12 Bali · Lombok · Java
10 Hongkong
53 Indien: Rajasthan · Delhi · Agra
39 Indien: Südindien
43 Peking
69 Philippinen
34 Sri Lanka und Malediven
49 Südkorea
70 Thailand
36 Vietnam

Süd- und Mittelamerika · Karibik

44 Argentinien
57 Chile
55 Dominikanische Republik · Haiti
63 Ecuador und Galápagos-Inseln
60 Jamaika
65 Kleine Antillen: Antigua · Guadeloupe · Martinique · Barbados u. a.
33 Kuba
73 Mexiko
51 Peru

USA · Kanada

58 Alaska
62 Florida
2 Kalifornien
32 Kanadas Osten
68 Las Vegas · Grand Canyon
46 Neuengland · Boston
56 Nordwesten: Washington · Oregon
66 Route 66
26 Südwesten: Nevada · Utah · Arizona · New Mexico
59 Texas

HB Bildatlas Sonderausgaben

24 Ski-Special Alpen 2006
25 Alpen Special 2005